3 春日小學社團日

數感小學冒險系列

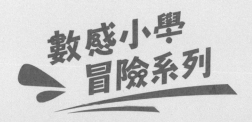

目錄

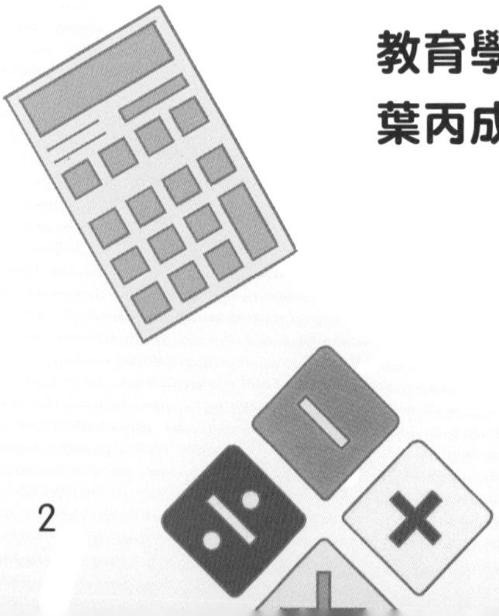

這本故事是在說……

「好吃～」、「好辣！」。同樣一盤乾煸四季豆，白熊覺得不辣，小哲卻辣到臉都紅了！看看白熊，再看看小哲，你能分辨這盤菜到底有多辣嗎？

不同人對同一道菜有不同的反應，就像1罐牛奶，愛喝的人覺得不夠，被強迫喝的人嫌太多。廠商為了讓大家清楚知道這罐牛奶到底有多少，會標示「幾毫升」，不管誰覺得多或少，看看毫升就一目了然。

你想知道「辣」的單位是什麼？趕快翻開來，去找辣到都冒汗的小哲他們吧。

人物介紹

鳳凰露露

春日小學新來的宇宙數學社指導老師，她有個特別神祕的大包包，裡頭應有盡有，簡直就像個宇宙黑洞，這是怎麼回事呢？

叮叮

丁小美的綽號，就讀春日小學三年級，常在媽媽開的「慢慢等」早餐店幫忙，算術好，行動力強。

故事提要

學校社團開始選，好多、好難選！盤底朝天美食社、直球對決棒球社，還有鳳凰露露老師成立的宇宙無敵數學社。啊～數學課都聽不懂了，誰還要參加數學社。可是這個數學社超乎想像、超級神奇，連最討厭數學的小哲都無法抗拒，到底發生什麼事呢？

小 哲

蔡維哲的外號，從小跟著爸爸做訂製款的高級自行車，喜歡研究機械構造、組裝模型，更愛動手做。

白 熊

熊大為的身材像大熊，是溫暖的男孩，他蒐集了各式各樣的百科全書，立志將來也要寫一套自己的百科全書。

第一章

盤底朝天美食團

一大早，春日小學熱鬧滾滾，今天是社團日，每一個社團都在校園擺攤，希望吸引更多小朋友。

雖然說是攤位，但是絕對不陽春，它們個個爭奇鬥豔、使出渾身解數，招攬小朋友，所以每個攤位前都是大排長龍。

魔術社有個小舞臺，社員輪流上臺變魔術；棋藝社在籃球場擺出巨大的棋盤，想試棋力好不好，跳上去玩玩真人棋就知道；跳繩社的長繩歡迎試跳，一二一二，整齊的聲音響徹雲霄。

白熊早早鎖定目標：「資訊社最吸引我。」

叮叮想去扯鈴社，那是她的拿手絕招。小哲四處看一看：「不用寫作業的社團，我都有興趣，要是有吃的……」

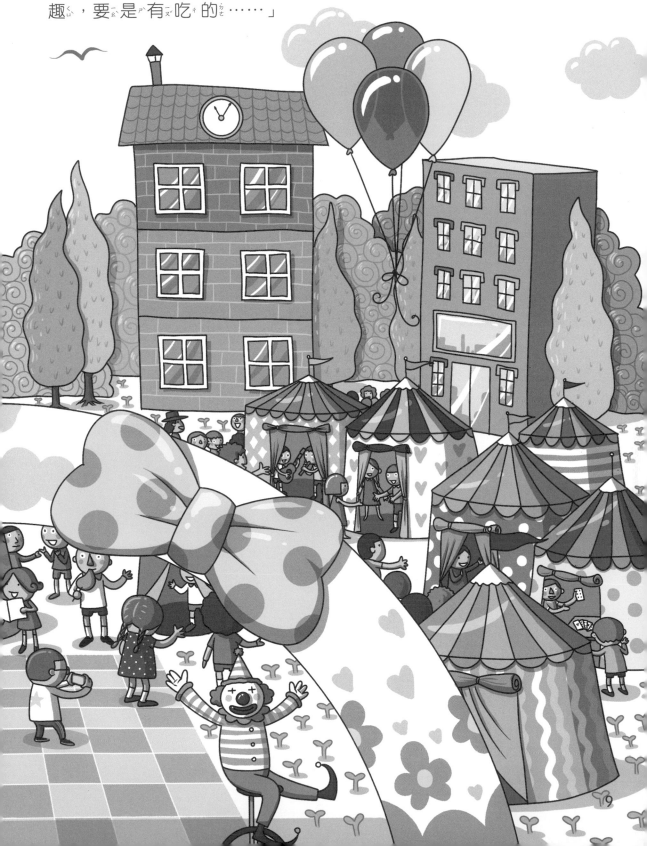

就那麼巧，一陣香味飄過來：「白熊，你聞到了沒有？」

盤底朝天美食團有輛可愛的小卡車，造型像一條胖胖的熱狗，在車廂裡大展身手的是指導老師，他用鍋鏟指著小哲：「我一看就知道你是盤底朝天美食團的社員。」

小哲拉著白熊：「還有他，他是我的好朋友。」

白熊搖搖頭：「你看看我這身材，我媽不准我再吃了。」

「享受美食當然也要營養均衡。」指導老師仔細看看他：「只要加入盤底朝天美食團，你從此就能吃到美食、吃出健康。」

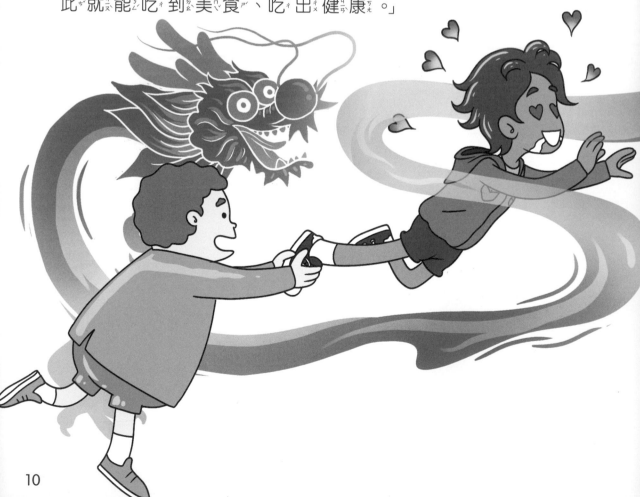

老師的話剛說完，4位社員同時把餐盤端到他們面前：「吃到美味、吃出健康，開飯啦！」

四個盤子，分別裝著宮保雞丁、五更腸旺，還有乾煸四季豆和水煮魚。

叮叮家裡開早餐店，對吃有研究：「是川菜。」

「是又香又辣的川菜。」那些社員遞來餐具：「開飯啦～」

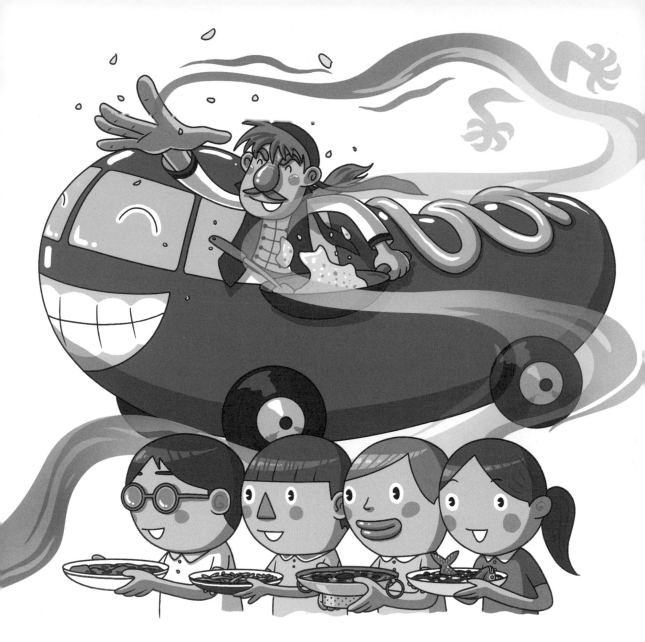

叮叮怕辣：「這個社團，我大概參加不了。」

「別擔心，我們有微辣口味。」指導老師指指宮保雞丁。

「我替妳試。」小哲吃了一塊，舔舔嘴巴：「嗯～雞肉又香又辣，一點兒也不辣。不，應該說再辣一點更好！」

「微辣只用一根普通辣椒而已嘛。」端盤子的小男孩說：「來參加盤底朝天美食團，等你學會做這道菜，回家自己做，要加幾根辣椒自己來。」

「自己煮啊？」小哲笑著：「我可以只吃菜嗎？」

「光吃不煮？」小男孩很乾脆的說：「那不符合盤底朝天美食團的宗旨。」

接著換白熊進攻乾煸四季豆。

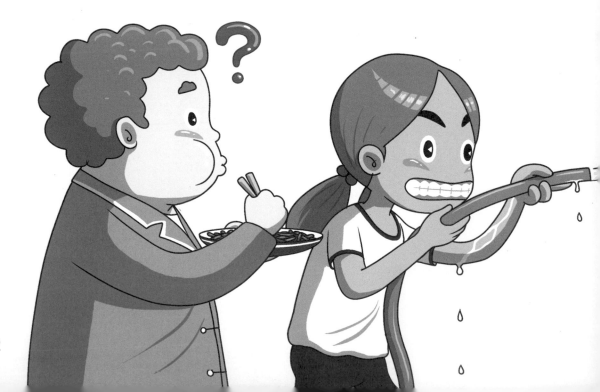

「那是中辣啊。」叮叮像在看外星人般：「你不怕辣嗎？」

「嗯～」白熊笑咪咪的表情說明一切。

「我也不怕辣。」小哲搶著吃了好大一口乾煸四季豆，才一下子，他大叫一聲：「好……好辣。」

小哲的臉都紅了。

「川菜就是要辣才好吃。」盤底朝天美食團的指導老師說。

「可是他們吃的都是中辣啊。」叮叮不懂。

「一定是我的比較辣。」小哲只覺得自己快要噴火了。

「不，中辣的菜都是加兩根朝天椒，辣度應該一樣，只是有的人對辣敏感，有的人就是不怕辣。」

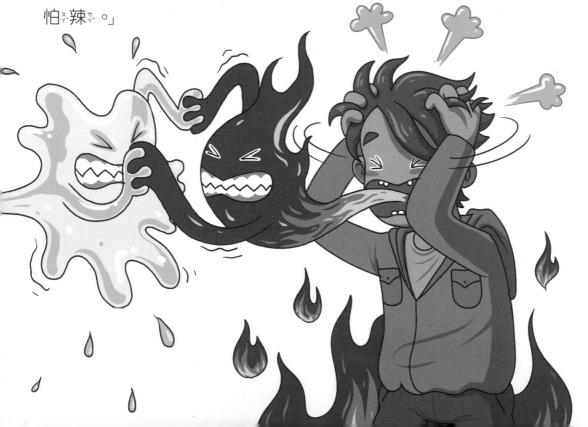

老師一邊說、白熊一邊吃，叮叮不敢吃的全都送給他。白熊來者不拒，從微辣吃到小辣、小辣嘗到中辣，吃了那麼多，額頭也沒冒出汗。

小哲擦擦汗，恨恨的拿出書包裡的尺：「如果每種辣度能用尺量，告訴我這盤是 6 公分的辣，那盤是 2 公分的辣，我就不會被辣到。」

「辣度其實不是用公分來計算，它的單位叫做**『史高維爾辣度』**。」白熊在百科全書上看過。

白熊的話，吸引大家的好奇心：「辣度真的可以測量？」

「百科全書上說要先把辣椒用糖水稀釋，再請 5 位測試員來嘗，只有過半數的人覺得不辣，才不用再稀釋。」

「一半的人，那就是要有 3 個人以上囉。」叮叮問。

白熊點點頭：「沒錯，3 票以上就不再稀釋。」

「那他們沒來找我試，我最怕辣了。」叮叮說。

「假如用來稀釋的糖水是原來辣椒的 1000 倍，就稱為『史高維爾辣度 1000』。一般辣椒的辣度是 10000，朝天椒辣度是 40000。」

「所以，朝天椒是一般辣椒的 4 倍辣！」叮叮說：「幸好我還沒吃。」

史高維爾辣度

我是美國化學家威爾伯·史高維爾（Wilbur Scoville），史高維爾辣度就是我發明的。就像小哲說的，要是有一個標準的單位來測量辣不辣，那大家就不用這麼煩惱了。現在就來看看我怎麼量的吧！

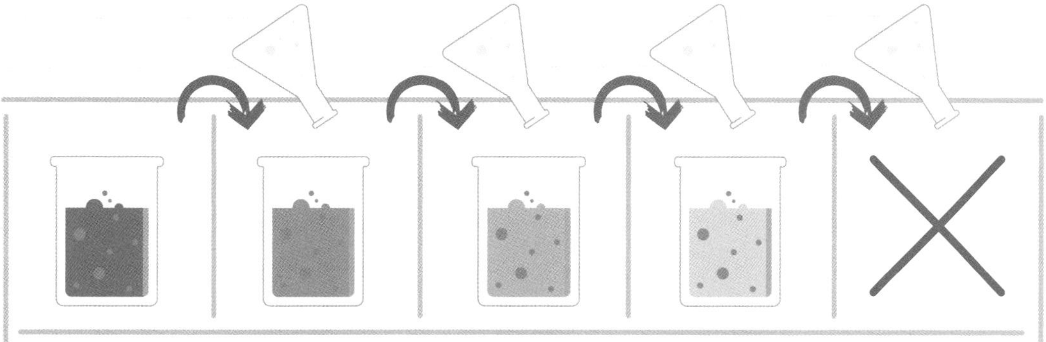

辣椒水	第一次稀釋 1 位不辣	第二次稀釋 2 位不辣	第三次稀釋 3 位不辣	不用稀釋

簡單來說，史高維爾辣度的測量方式是用糖水不斷稀釋，直到過半數的測試員認為不辣，這時候先前所加入的糖水總量就是史高維爾辣度。不過這樣的測量方式還是非常不精確，因為辣或不辣還是依賴測試員的味覺，所以後來科學家就直接測量辣椒素含量——辣椒會辣的化學成分。

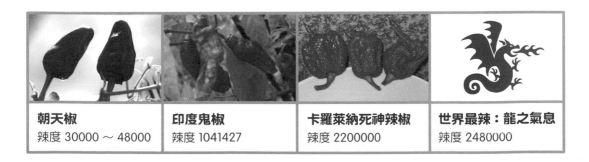

世界上有名的超級辣椒

朝天椒	印度鬼椒	卡羅萊納死神辣椒	世界最辣：龍之氣息
辣度 30000 ～ 48000	辣度 1041427	辣度 2200000	辣度 2480000

「辣椒可以提升食物的香氣呀，不吃辣就少了許多樂趣。」美食社的指導老師說：「今天的宮保雞丁只用1根普通辣椒，乾煸四季豆用了2根朝天椒。」

「8倍辣才只是中辣？」叮叮吐吐舌頭：「我才聞了一下就覺得快冒火了。」

「最辣的是水煮魚。」端著盤子的小男孩說：「這是特辣。」

「用了8根朝天椒。」另一個男孩說。

「那就是普通辣椒的……」叮叮喃喃自語著：「哇！32倍辣。」

「是啊，就是要這麼辣才能烘托出它的鮮香啊！」指導老師還沒說完，後頭傳來一聲慘叫，因為貪吃的小哲偷塞了一塊魚肉進嘴裡。

「好……好好……辣呀。」

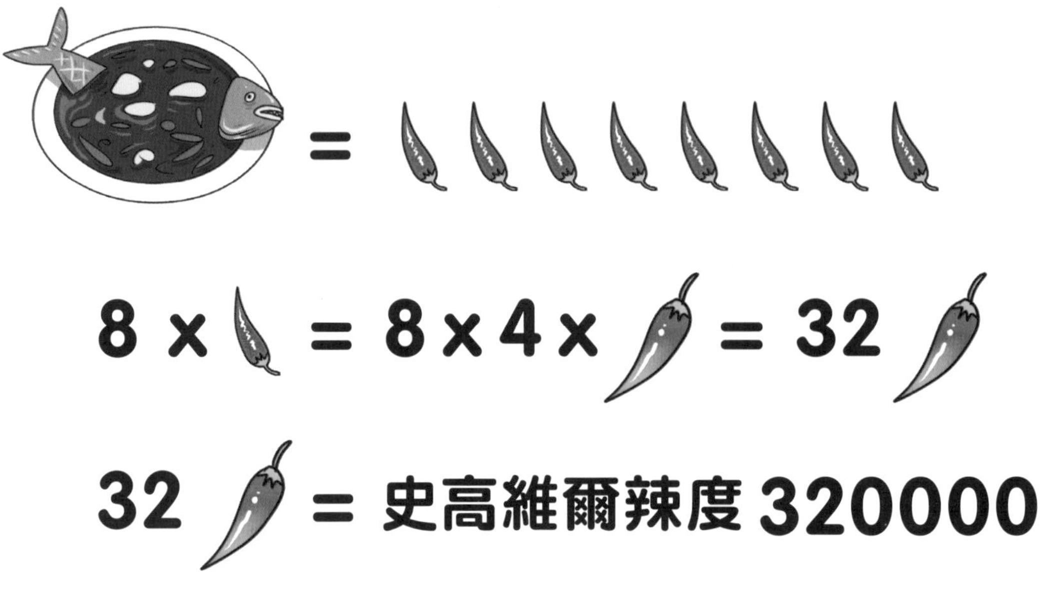

微辣
×1
中辣
×2
大辣
×4
特辣
×8

數感百科

單位亂糟糟的古代

說到單位，很多歷史老師都會想起一個人，他不是數學家，卻對單位做出巨大貢獻。他就是中國史上的第一位皇帝——秦始皇。秦始皇統一中國後，發現一件很困擾的事：每個地方的單位都不一樣。這有什麼好困擾的呢？

先回憶一下，現在去傳統市場還會用到的重量單位**「兩」**，你知道1兩是幾公克嗎？

16 兩是 1 台斤 → 1 台斤是 600 克

1 兩是 600÷16 ＝ 37.5 克

換算後是 1 兩 = 37.5 克，不管你走到臺北、高雄、臺東或是澎湖的市場，市場每一個攤販的 1 兩都是 37.5 克。

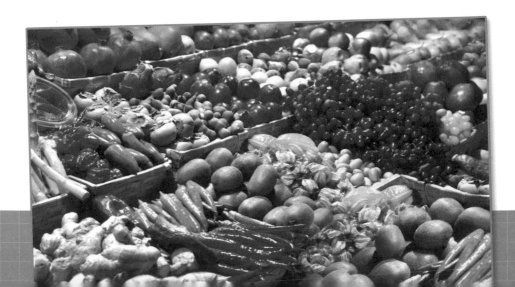

可是春秋戰國時代，楚國的 1 兩約是 15.6 公克，而魏國的 1 兩大約只有 1.58 公克，兩者將近差了 10 倍！你可以想像楚國人去魏國旅遊，在飯館點菜，說：「老闆，切個 10 兩白切肉。」菜一端出來，楚國人看到盤子裡只有一片肉，一定覺得被騙了吧！

容量單位也有類似的問題。我們現在用公升、毫升；但在戰國時代，齊國有鐘、府、區、豆、升等 5 種單位；楚國則有筲、升。由於大家用的單位數量不一樣，讓同樣是「升」的單位，代表的容量也不同。

單位是人們溝通的基礎，買賣交易、測量大小都需要單位。秦始皇統一中國各地後，要求全國使用同樣的單位，便利各地的交流，這才是真正由內而外，讓中國從分散的好幾個國家變成一個大帝國，造就了中國第一個王朝。我們常說秦始皇統一了**「度量衡」**標準，這三個字分別與長度、容量、重量有關，想想看這些字分別代表哪個意思。

連連看

度 •
衡 •
量 •

• **長度**
• **容量**
• **重量**

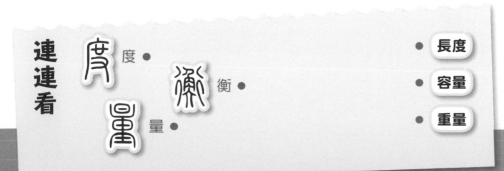

儘管秦始皇統一了那個時代的單位，單位卻像有生命一樣，隨著時代變化。《三國演義》第一回張飛關羽登場時，張飛身高 8 尺，關羽身高 9 尺。用現代「1 尺 =30 公分」來計算，他們兩個高達 240 公分跟 270 公分，根本是巨人了！

這其實是單位有了變化。三國時代的 1 尺約 23 公分，換算起來張飛是 184 公分、關羽 207 公分。他們還是高人一等，但沒有一開始計算得那麼誇張。古文裡的單位，像「陶淵明不為五斗米折腰」、「海水不可斗量」，就不可以直接用現在的單位去換算，要先去查查那個時代的單位用法，才能理解文章的原意。

古代的單位除了各地不同、各個朝代不同外，還有一個問題是不精準。

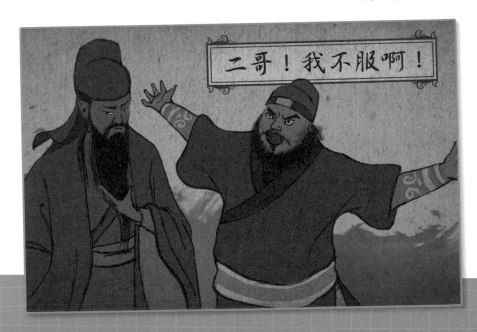

《九章算術》可以說是中國第一本數學課本。這本書裡用了「步」做長度單位，但就算全中國的人都知道1步是指「走1步的長度」，每個人的步伐卻不一樣，量出來的「5步」不是統一固定的長度。西方也有類似的問題，用手掌、腳掌、手肘作為單位標準，讓每個人量出來的結果就不一致。

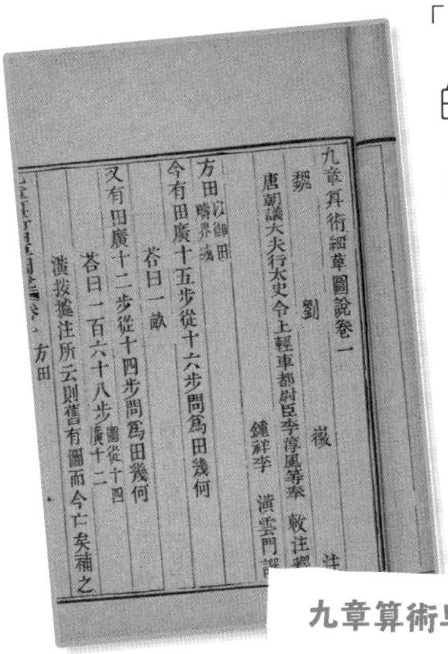

九章算術早在東漢出現，但是作者已經不可考

看完古代各種單位，再回過頭看手中那把15公分的直尺，你會發現它是非常偉大的發明，走到全世界任何一個角落，這把尺的單位都通用。不管是臺灣人、美國人、巴西人的1公分，都是一模一樣長。這樣的單位用了兩百多年，之後沒有意外的話，應該也會繼續使用。

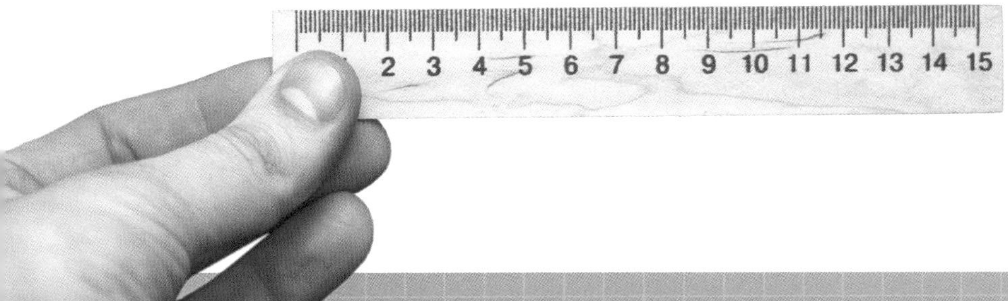

實用的古代單位

雖然古人使用單位的方式並不精確，但別輕忽他們的智慧，覺得用手臂長度當單位很笨。仔細想想看，拿身體某個部位或步伐作為單位有什麼優點？

想像一下，如果說目的地距離「40 公尺」，你可以先回想學校操場跑道是 100 公尺，所以是比一半再少一點。若是說距離「80 步」，只要邁開步伐，數著 1、2、3…、80，大概就知道 80 步是多遠了。

家距離學校是 400 公尺好懂，還是 800 步好懂呢？此外，網路地圖還有個時間選項，標示需要走多久，這也可以視為一種長度單位。

人氣很旺的 Hello Kitty，官方設定的身高資料是 5 顆蘋果高，體重是 3 顆蘋果重。用蘋果做單位很可愛，但再深入想，搞不好這個設定還有更深的數學用意。因為喜歡 Hello Kitty 的幼稚園小朋友年紀可能很小，不知道公分是什麼。如果跟他們說：「Hello Kitty 身高 33 公分。」恐怕完全想像不出來吧。

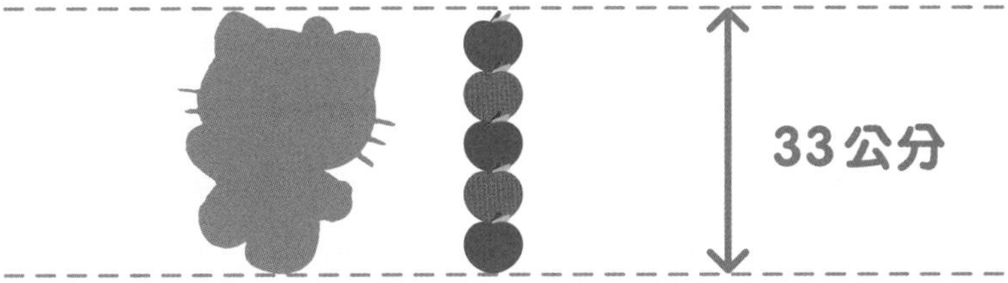

但幼稚園小朋友應該都看過、摸過蘋果，聽到「身高 5 顆蘋果高、體重 3 顆蘋果重」，就能想像出高度跟重量。

單位的第一個意義：

數字搭配單位，能夠記錄下某一段長度、或某一個重量，無法親眼看見物體的人，只要憑著單位跟數字就能跨越時空重現原來的長度與重量。

用隨手可得的物品作為單位基準，方便我們很快重現，這是古代單位或 Hello Kitty 用蘋果當單位的優點，而缺點就是這些單位不夠精準。

N
N
N
N
N
N

第二章

直球對決棒球社

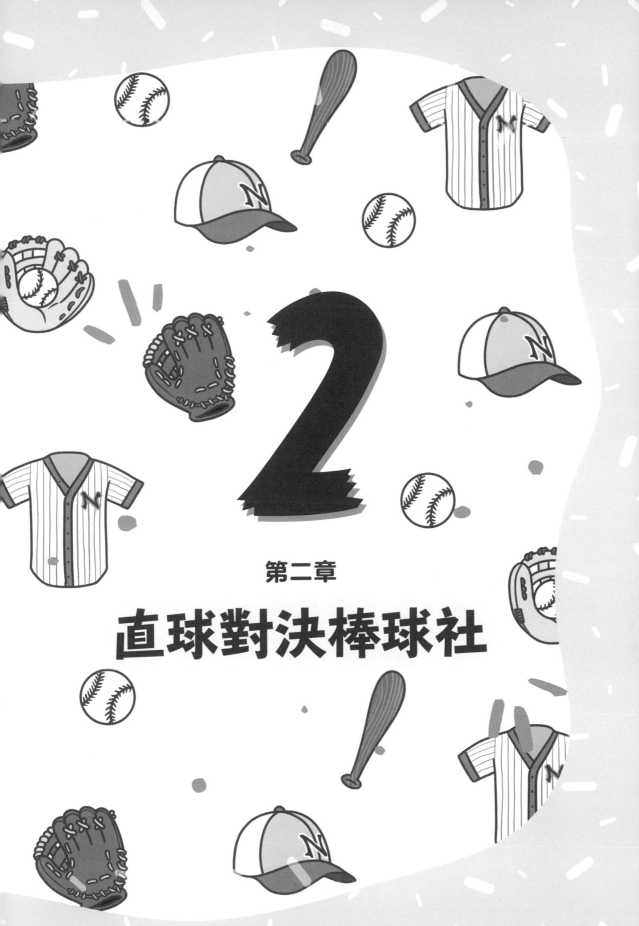

直球對決棒球社前人山人海，這裡也在徵選新隊員。

胖胖的教練拿著大聲公吆喝：「試試你的臂力吧，下一位王牌投手就是你。」

測試場在跑道邊，一邊是投手丘、一邊是本壘板。想測臂力的人，要把球從投手丘投向本壘板，本壘板附近有人拿著測速槍，球投出後，就立刻報出球速。

叮叮他們排在隊伍裡，聽著教練報球速。投快的，大家拍拍手；投慢的，大家哈哈笑。

「時速 42 公里。」

「時速 51 公里。」

小哲笑嘻嘻的說：「這個我懂，是說他丟的球，1 小時可以跑 51 公里，但如果是我，我會說我投的球，每小時能跑……51000 公尺。嘿嘿嘿，數字更大、聽起來更快。」

他邊說邊在空中寫下 51×1000 = 51000。

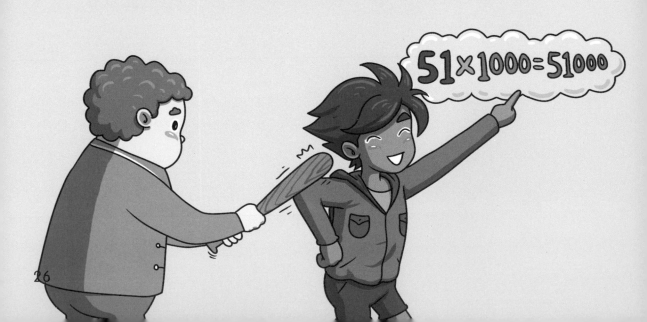

好球
時速51000公尺

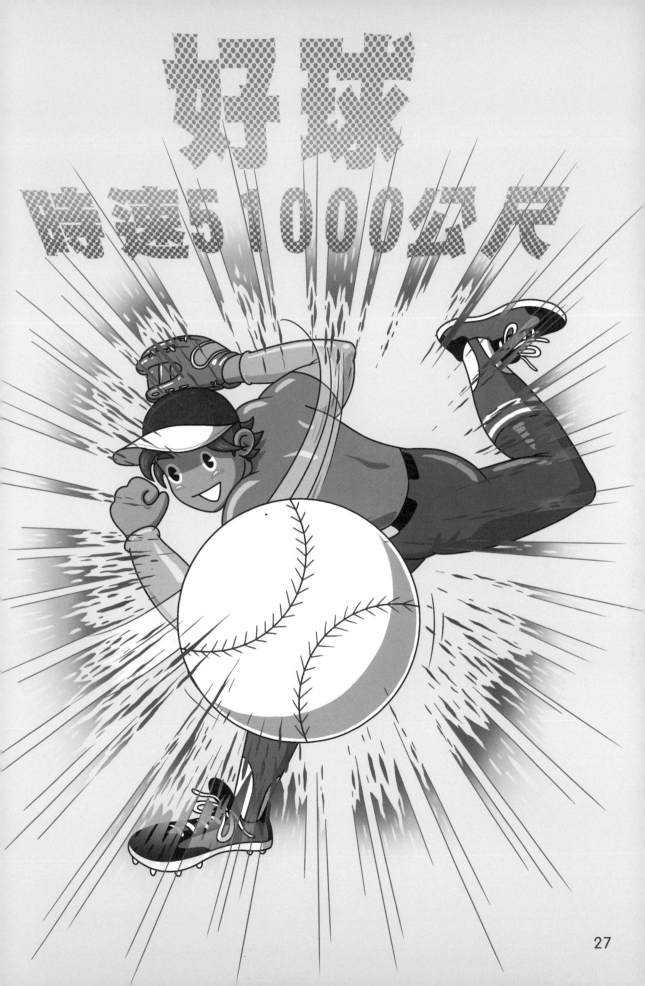

白熊建議：「行啊，你乾脆再改成公分，1公尺等於 100 公分，數字更大。」

「太好了，51000 再乘 100 倍……」

叮叮笑盈盈的問：「那是多少啊？」

「多少啊？」小哲扳著手指，從個十百千往上數，數了一次數錯了，數到第二次才抬頭說：「五百一十萬公分，聽起來很厲害，但數起來好累。」

白熊笑著說：「所以，遇到這麼大的數字，還是要用大的單位。」

叮叮捶了他一拳：「果然是小百科，什麼都難不倒。」

「請問小百科先生，有什麼長度單位比公里還大？」

怎麼算小哲超級速球的大數字？

因為 1 公里 = 1000 公尺，1 公尺 = 100 公分

51 公里 = 51×1000 = 51000 公尺

51000 公尺 = 51000×100 = 5100000 公分 = 五百一十萬公分

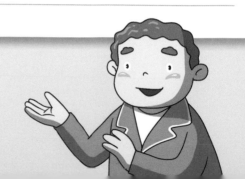

白熊微微一笑：「不敢當，但我知道是**天文單位**。」

「天文單位？」小哲和叮叮兩個同時問說。

「太陽到地球的距離是一億四千九百五十九萬七千八百七十一公里，這就是一個天文單位。」

「哇！真是了不起。」不知道小哲是佩服天文單位的長度，還是佩服白熊的頭腦。

「球速80公里。」突然，有人投了一顆快速球，現場響起一陣歡呼。

> **請問小哲有算對球速嗎？**
> **幫忙驗算看看**

小哲興沖沖的說：「如果把這個球速用天文單位來計算，80除以149597871。球速大概是每小時零點零零零零零一天文單位……我有算對嗎？」

叮叮沒好氣的說：「數字那麼小，你自己去想辦法驗算！」

「我啊？我……」

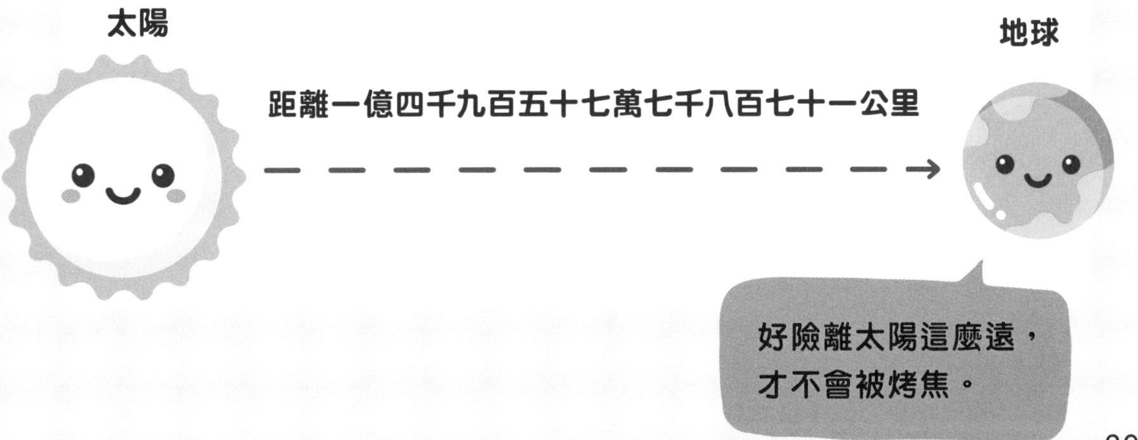

那數字真的很大，小哲還沒驗算好，已經輪到他們了。

「我常和我爸去練球，我一定能投更快。」小哲躍躍欲試的比劃著。

「我不丟，你和白熊丟。」叮叮退了一步。

「試試看吧。」白熊愈勸，她愈後退。

「她是女生，不會投球啦。」小哲的話，讓叮叮停下腳步。

「我投，誰說我不會投。」她不再退讓了，接過球，跑上投手丘：「男生能投，女生也能投。」

叮叮從沒投過球，學著旁邊的人抬起腳，手臂像風火輪般轉了一圈，那顆球卻直飛上天，在大家的笑聲中，直直落了地。

「這顆不算，讓我再投一次。」叮叮說。

「沒問題，每一個人都有三次機會。」教練的大聲公適時響起：「但是，妳要瞄準捕手的手套哦。」

四周的笑聲更大了。

叮叮沒說話，她認真的看看前面，告訴自己不要慌，深吸一口氣，用力一擲，那顆棒球像顆流星，砰的一聲，直直飛進對面捕手的手套裡。

「哇，33 英里。」對面的教練喊著。

「才 33 啊？」隔壁的投手丘，小哲也要投球了：「妳好好看我投得球吧。」

他屏氣凝神，看著對面的捕手，點了點頭。然後跨步、猛力把球投出。

教練看看測速槍：「時速 45 公里。」

「其實我還能更快的。」小哲看看叮叮：「但是又不想贏妳太多。」

只是，排在後頭的白熊笑著搖搖頭：「小哲，是你輸了。」

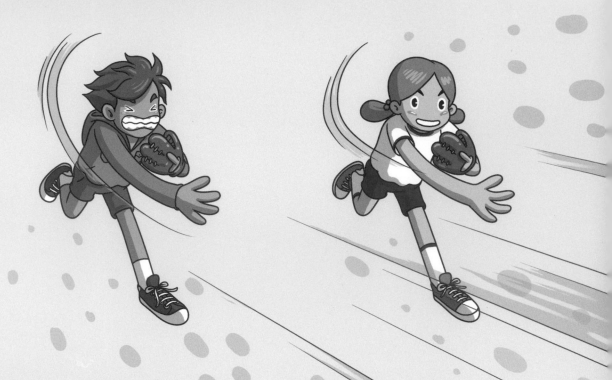

好球！
出局
出局

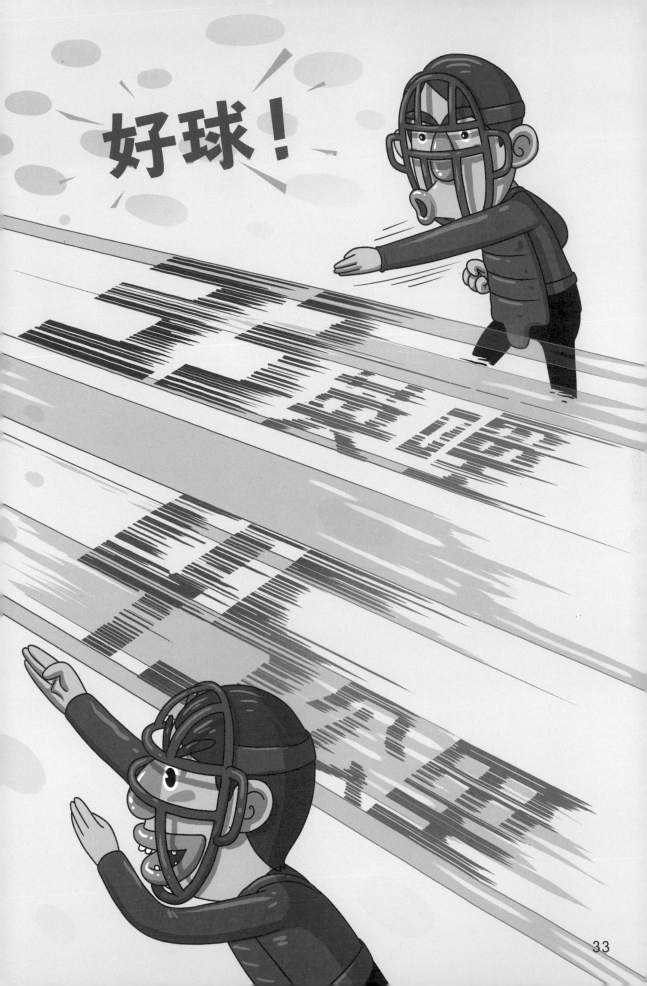

小哲很不服氣：「她才 33，我是 45，白熊你聽錯了吧？」

「看起來好像是泥贏了。不過，泥一定沒注意到測速槍有兩支。」一陣熟悉的叮咚聲從後頭傳來，大家回頭一瞧，是鳳凰露露。

叮咚響的是她的耳環，她今天穿了一身紅。

「老師，妳今天又要來代課嗎？」叮叮問。

「窩是社團老師，今天也要來招生，泥們有興趣到窩的社團嗎？」她的口紅特別豔，牙齒顯得特別白：「那是很偉大的宇宙數學社喔。」

「數學，饒了我吧。」小哲不想去，而且他有意見：「我的 45 比她的 33 還要快，妳怎麼說我輸了？」

白熊拍拍他的肩：「小哲，那兩支測速槍，一支的單位是公里、一支的單位是英里。兩個單位不同，你不能直接拿來比較。」

「既然不能比較，怎麼知道是我輸了？」

「因為單位不同，所以要先把單位變成一樣的，泥懂不懂？」鳳凰露露說。

「什麼單位來單位去的，聽起來好複雜喔。」

鳳凰露露說：「泥知道 1 公尺是 100 公分嗎？」

小哲不甘示弱：「我還知道 1 公里是 1000 公尺。」

鳳凰露露笑了：「如果有一個人是 3 公尺高，另一個人是 300 公分高，泥知道誰比較高嗎？」

「這個世界上，沒有 3 公尺的人。」白熊指出她問題裡的矛盾。

「3 公尺的人，叫做巨人。」小哲也說。

鳳凰露露尷尬的笑說：「好～窩改一下題目，如果有一個人是 2 公尺高，另一個人是 200 公分高，泥能告訴大家，誰比較高？」

「對，誰比較高？」叮叮也問。

「這裡頭有陷阱，100 公分是 1 公尺，200 公分就是 2 公尺，所以兩個人一樣高，對吧？」

他擔心又成了大家的笑柄，說得有點遲疑。

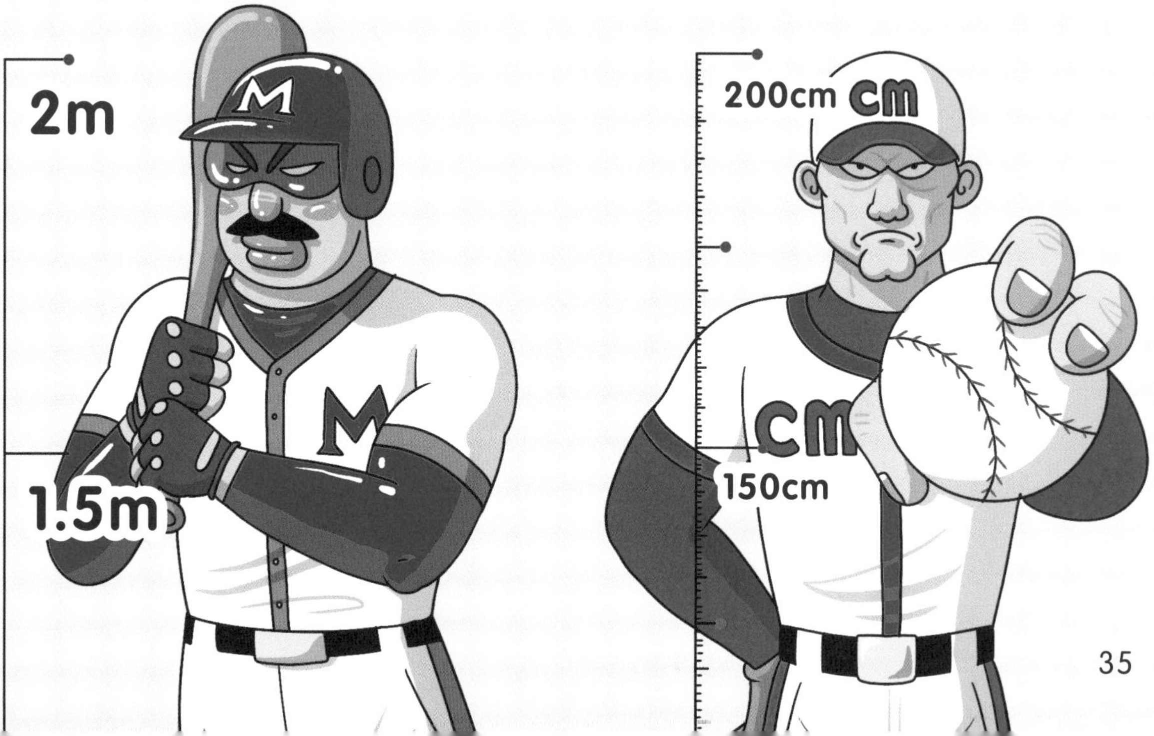

鳳凰露露揉揉他的頭：「好棒的孩子，泥為什麼要把 200 公分變成 2 公尺？」

「這樣才能跟另一個 2 公尺比較，」小哲跳了起來：「啊～我懂了，不同的單位就要變成相同的單位，這樣才能做比較。」

他的話一出，大家都拍拍手。

「只是，時速 33 英里是幾公里啊？」小哲又陷入迷惘了。

鳳凰露露笑了笑：「大約是 52.8 公里。你可以想像，如果有兩把尺，上面畫著刻度。英里的 1 格比公里 1 格要長 1.6 倍。」

叮叮什麼話都沒說，只是意味深長的看看小哲。

「不算不算，我有三次機會的對不對？」小哲轉向教練：「你剛才說，人人都有三次機會的。」

「但是你都下投手丘了。」教練聳聳肩：「如果你想再投一次，只能再去排隊。」

「再排一次呀？」小哲看著那條人龍。

「泥們想不想去宇宙無敵數學社逛一逛？」鳳凰露露招呼大家：「泥們會對數學有新的感受。」

「好啊。」叮叮和白熊點點頭。

「等等我嘛，你們等等我嘛。」小哲在隊伍裡喊著：「再等個……半小時。啊！不，可能再等個45分鐘，我就投完了。」

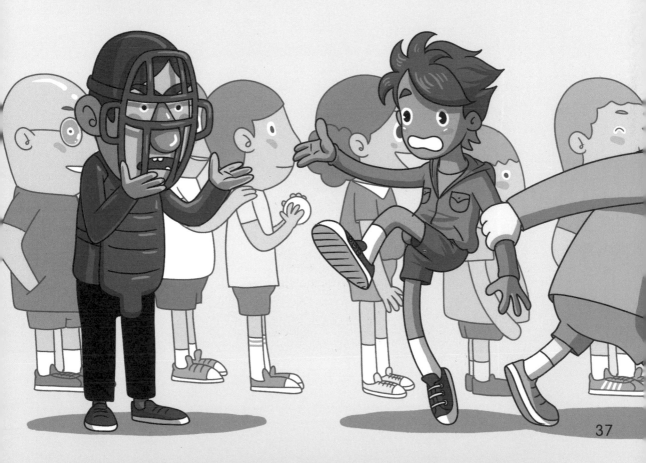

數感百科

很精準的現代單位

你可能會想說，差個幾公分、幾公克有差嗎？讓我們來看一個差一點點都不行的物品：鑽石。

鑽石的單位是**「克拉」**，1克拉是 200 毫克，也就是 0.2 克。全世界最大的鑽石重達 45.52 克拉，相當於 9.1 公克。克拉這個單位起源於角豆樹，以前鑽石的重量是用「幾顆角豆」來算，1克拉就是 1顆角豆種子。比起手掌寬度或步伐長度因人而異，每一顆角豆的重量都大約是 0.2 克，也因為有這麼「精準」的特性，才被拿來做為鑽石的重量單位。

單位的第二個意義：
不僅能量化一段長度或重量，還要很精準。

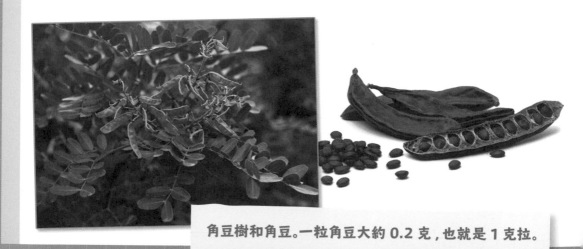

角豆樹和角豆。一粒角豆大約 0.2 克，也就是 1 克拉。

在還沒有精密設備協助的年代，人們先用角豆來衡量鑽石的重量，後來再改成「幾個 0.2 克」。你可能會好奇，那「克」又是什麼東西，也是某種種子的重量嗎？還是哪位國王的體重呢？

公克、公斤、公升、公尺等單位都是法國大革命中誕生的「**公制**」。當初 1公斤的定義是「1公升水的重量」，所以要知道1公斤有多重，得先知道1公升的水是多少。

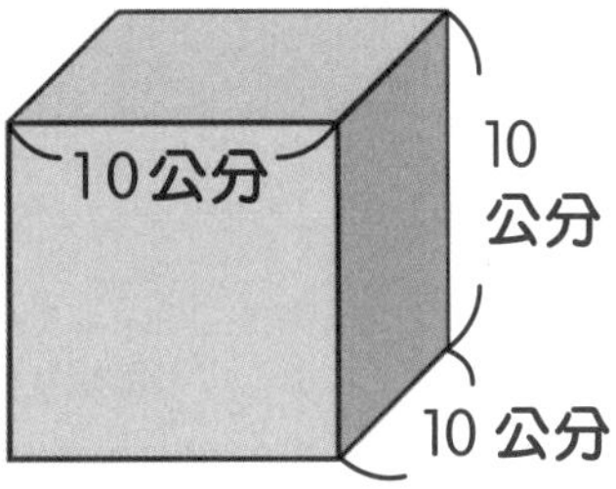

1公斤
=1公升的水重

1公升是邊長 10 公分的正立方體。原來一切都是從長度開始，那公分、公尺又是怎麼來的？

法國人要出來公布答案了：「一公尺就是從北極到赤道長度的千萬分之一」。

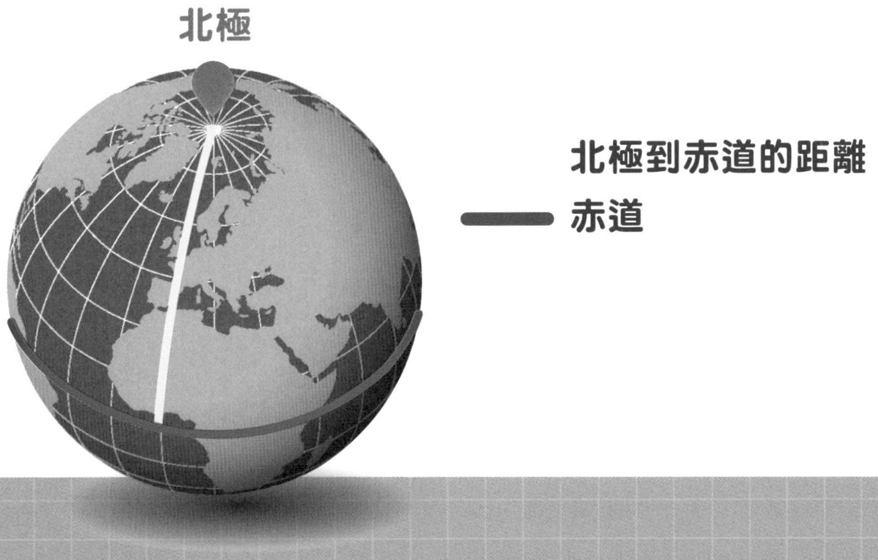

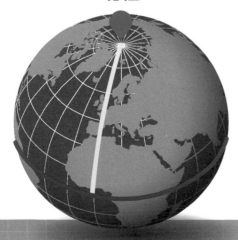

而現在1公斤的標準答案藏在法國巴黎國際標準局，裡面有個約 4 公分高，底部圓直徑也是約 4 公分的圓柱體，稱為「**國際公斤原器**」。就像用角豆來秤鑽石的重量，3 克拉是 3 顆角豆。如果你的體重是 30 公斤，就是 30 個國際公斤原器。

科學家對國際公斤原器保護得非常好，罩了好幾層罩子，深怕它的重量改變。這對我們來說可能有點難想像，因為不管是體重、行李重量、還是媽媽超市買回來的肉，1公斤差個 10 公克好像都不是什麼重要的事。但科學家做實驗或工程師研發新產品時，只要有一點點誤差，那怕是 1公斤差了 0.1克，也會造成很大的影響。不過公斤原器就算被保護的再好，還是會由於一點點灰塵落在上頭而發胖。

國際公斤原器外面有層層的罩子，以免受到外界影響而改變。

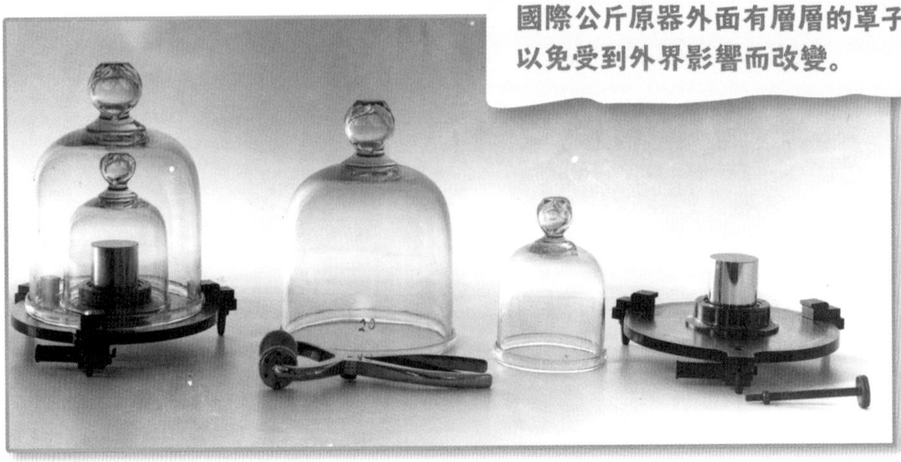

全世界也有許多國際公斤原器的複製品，臺灣的是編號 78 號複製品，放在新竹工研院的國家度量衡標準實驗室。

因此，科學家一直在尋求更精準，不會變動的標準單位。以長度來說，以前有個**「公尺原器」**，它是一根桿子，它的長度就稱為 1 公尺。但在 1983 年時，科學家決定用**「光在真空中於 1/299792458 秒內行進的距離」**來定義 1 公尺，因為光在真空中的移動速度永遠固定。單位的演進很有趣吧，從用隨手可得的物品或人體部位做為參考基準，慢慢的演進、愈來愈精準，最後希望能成為一個跨越時間與空間，永恆不變的單位。

單位選擇

同樣的物品在不同單位下，會給人不同的感受。例如前面提到的鑽石，如果把克拉換算成克，將「1克拉20萬元」改寫成「1公克100萬元」，好像讓人更買不下手。但仔細一想，很少人會一口氣買1公克的鑽石，所以用1公克鑽石多少錢，就像說「1噸雞肉83000元」一樣不實用。

除了實用性之外，還可以從好不好讀、跟數字的搭配來選擇單位。小哲希望把自己的球速從「每小時幾公里」改成「每小時幾公尺」，還被白熊笑說不如寫成「每小時幾公分」。51公里／小時的球速，變成5100000公分／小時，聽起來不但沒有比較厲害，而且還有點混亂，出現這麼多零，不是一個好的單位選擇。

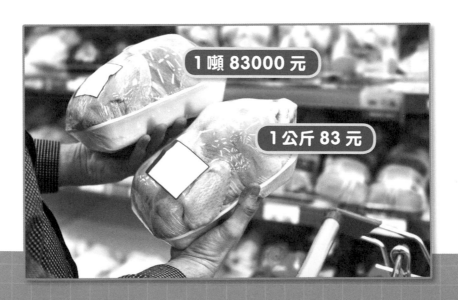

火星上的太空探測車距離地球超級遙遠，
就比較適合使用天文單位計算。

從小哲的反例中，我們知道要描述一個物體，選擇和物體尺寸差不多的單位，會讓你的描述更好想像。比方說我們的身高會用公分或是公尺，不會有人說我的身高是 0.0013 公里。從家裡到學校的距離會用公里，如果你住在 5 分鐘以內就能跑到校門口的位置，或許改用公尺更好懂。但不會有人說我家距離學校有 100000 公分，更不會有人用天文單位（除非你的學校在火星）。太大或太小的單位會造成對應的數字有很多看或唸都不方便的零。

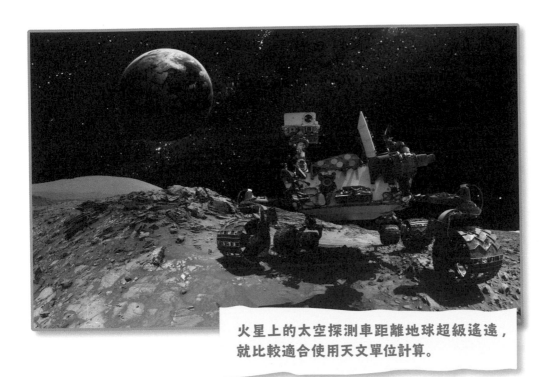

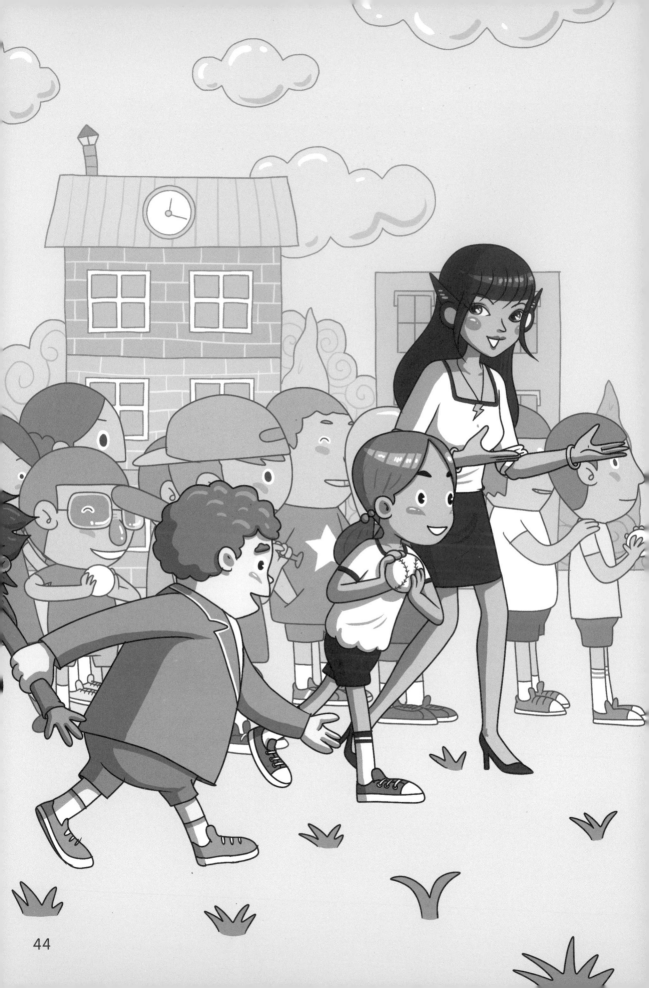

第三章

宇宙無敵數學社

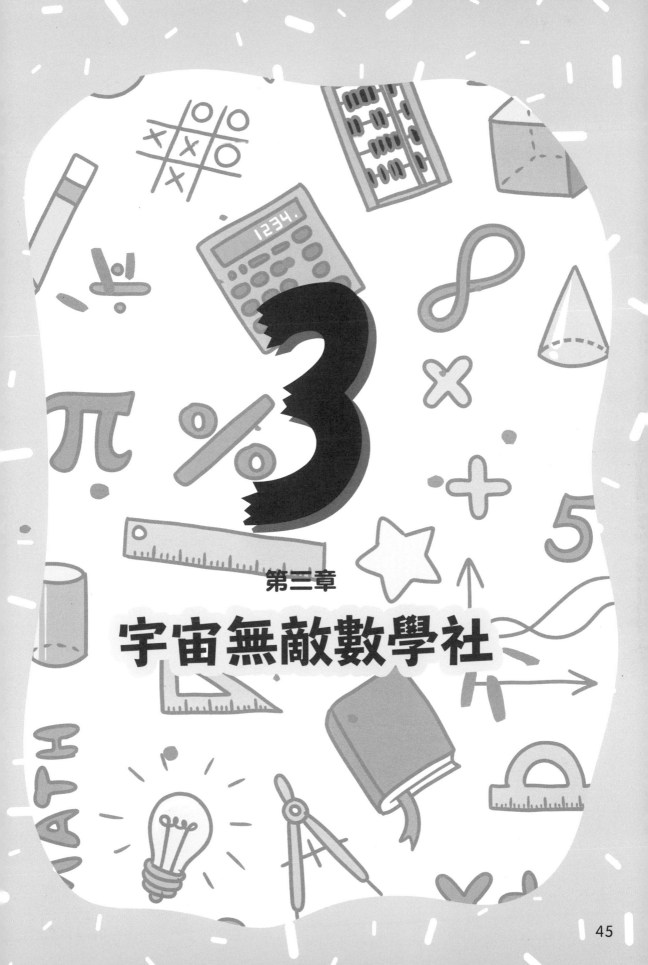

一個金色大帳篷在阿勃勒樹下閃閃發光。

有個入口，門是金屬材質，一邊是方形、一邊是圓形，如果把它們合在一起……

白熊退後看了看：「好像在哪裡見過？」

小哲可沒空慢慢想：「你們走快一點嘛！」

「走快也沒用啊。」叮叮指指帳篷外，一長排的人，看來大家都想進去。

「既來之、則玩之嘛。有這麼多人排隊，一定有它的道理。」白熊抬頭看看帳篷，他終於想起帳篷像什麼了：「那個大包包。」

鳳凰露露有個大包包，是金色的，扣環也是一邊方、一邊圓，但是不可能把包包變成帳篷啊。

「那麼，她的包包在哪裡呢？」叮叮問。

「誰知道，說不定放車上了。」小哲嘆口氣：「早跟你們說了，如果你們最後決定要去什麼天文數學社的話，我可不去。」

「是宇宙無敵數學……哇～」走進金色扣環大門，叮叮的腳步不由自主停了下來。

宇宙無敵數學社

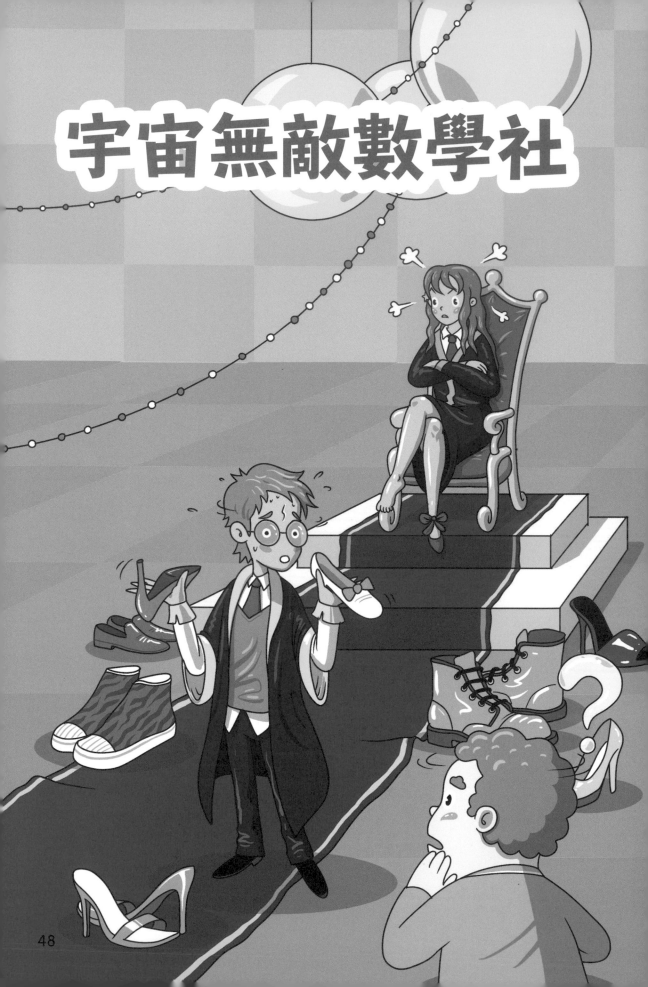

NEW YO
PARK

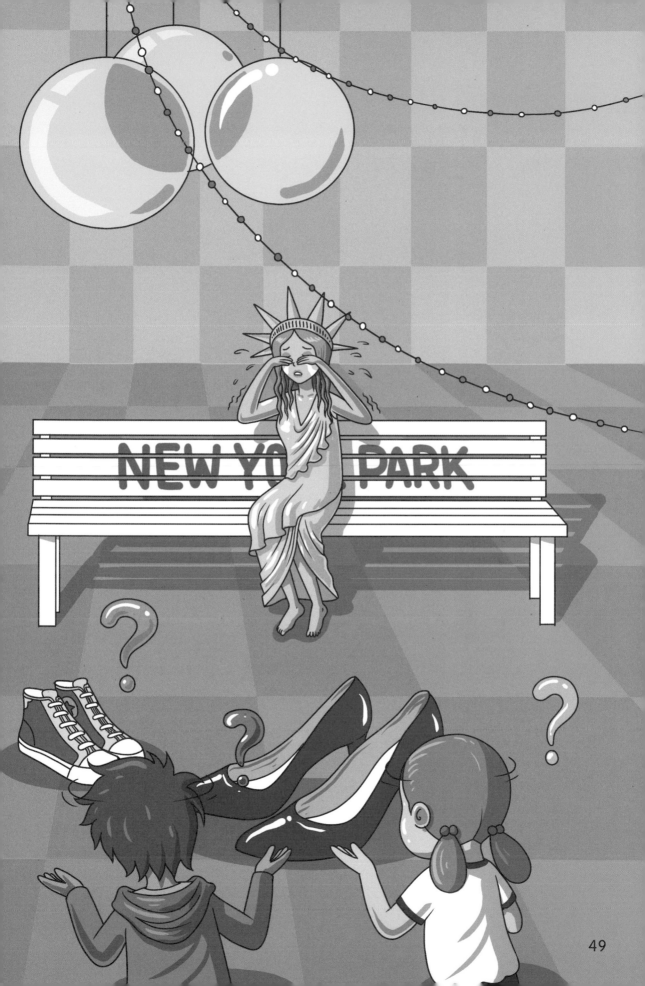

金色的帳篷裡是個寬闊的明亮空間，如果拿它來踢足球，應該也沒問題。奇怪的是，學校什麼時候多了這個廣場呢？

四周有散落的鞋子，它們有大有小、材質有皮有布；鞋子邊站了兩個人，一男一女，穿著打扮很奇怪，是一件巫師袍，手裡還拿根木棍。對了，男生額頭上還有個閃電的標誌。

「哈利波特？」叮叮問。

哈利波特朝她笑了笑，指指隔壁的小女孩，她只有一隻腳穿鞋：「妙麗的鞋子不見了。」

另一邊，是個全身白的自由女神。

對，不知道鳳凰露露去哪裡借來的服裝和臨時演員，自由女神光著腳丫，就坐在一張標著「紐約公園」的長椅上。

「她的鞋呢？」白熊問。

鳳凰露露不知道什麼時候出現在他們身邊：「這裡有一道題，只要解出來，就能加入窩的宇宙數學社。」

「有一道題啊？」小哲看不出來。

「那就代表不是簡單的一道題。」叮叮說。

小哲看看場中的人物：「看起來，一定跟鞋子有關。」

「妙麗的巫師鞋，自由女神的涼鞋……」

「找鞋子，那簡單。」小哲跑過去，想拉妙麗去試鞋，妙麗搖搖頭，指指地上，地上畫了個圈：「不好意思，我不能出去。」

「你們別急，不要像無頭蒼蠅四處飛，想一想，為什麼大家都找不到正確的鞋？」

白熊一提，叮叮也覺得疑惑：「自由女神和妙麗，她們有什麼關係？」

「一個巫師，一個是雕像。」小哲說。

「一個美國人，一個好像是魔界的人。」白熊說。

「妙麗是英國人。」叮叮拍著手：「我知道了，上回去買鞋，我記得鞋子還分成什麼美國碼和英國碼。」

「一定是這樣。」白熊指揮大家：「我們分頭去幫他們量腳，量了腳後各自去找鞋。自由女神要找美國碼，妙麗要找英國碼。」

小哲開心的宣布：「妙麗的腳長 27 公分，她是英國人，所以要穿英國碼 7 號半的鞋。」

但是，鞋櫃裡沒有英國碼 7 號半的鞋。現場有 7 號、有 8 號，就是沒有 7 號半。

腳長 cm	21.5	22	22.5	23	23.5	24	24.5
英國碼 UK	1.5	2	3	3.5	4	4.5	5
美國碼 US	4	4.5	5.5	6	6.5	7	7.5

腳長 cm	25	25.5	26	26.5	27	27.5	28
英國碼 UK	5.5	6	6.5	7	7.5	8	8.5
美國碼 US	8	8.5	9	9.5	10	10.5	11

小哲不死心，把 7 號和 8 號拿過去：「妳試試看嘛。」

妙麗和善的笑笑，哈利波特也搖搖頭。

會場其他人也在問：「為什麼沒有 7 號半？」

「會不會藏在最底下？」

「說不定是老師忘了放？」

腳長 cm	21.5	22	22.5	23	23.5	24	24.5
英國碼 UK	1.5	2	3	3.5	4	4.5	5
美國碼 US	4	4.5	5.5	6	6.5	7	7.5
腳長 cm	25	25.5	26	26.5	27	27.5	28
英國碼 UK	5.5	6	6.5	7	7.5	8	8.5
美國碼 US	8	8.5	9	9.5	10	10.5	11

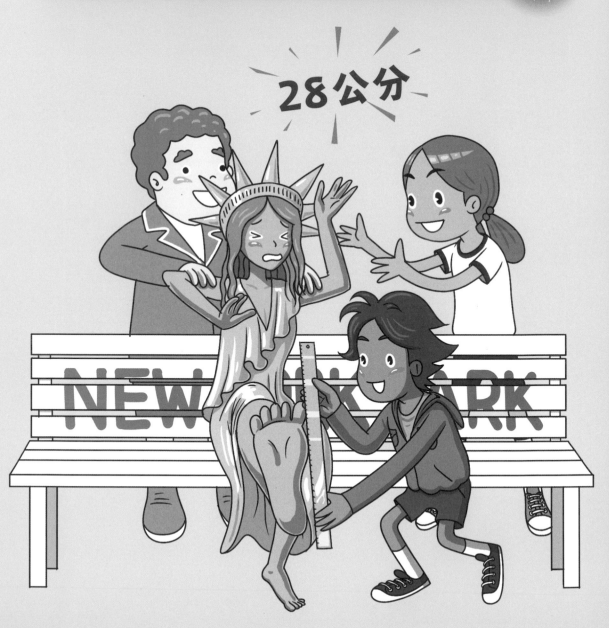

叮叮一聽，她突然停下腳步：「英國碼找不到7號半的鞋？」

「美國碼的女鞋，也找不到自由女神的11號鞋。」白熊走過來，搖搖頭：「鞋子一定在這裡，但是在哪裡呢？」

「我媽總是說，鞋子好穿最重要。」叮叮壓低了音量：「不管英國碼，還是美國碼，尺寸對了才好穿。」

小哲張大了口：「妳是說讓自由女神穿英國碼？妙麗去找美國碼？」

白熊也懂了：「沒錯，雖然單位不同，但是尺寸相同。」

當自由女神和妙麗都找到鞋子後，金色的帳篷裡，傳來一陣叮咚的聲響，他們回頭，是鳳凰露露。

「泥們是第一組答對的孩子，恭喜泥們成為宇宙數學社的社員。」

鞋子好穿最重要，尺碼單位會選嗎？

恭喜叮叮、小哲和白熊找出答案，成為數學社成員。但你知道他們怎麼幫忙妙麗和自由女神找對鞋子嗎？來看看吧！

腳長 cm	25	25.5	26	26.5	27	27.5	28
英國碼 UK	5.5	6	6.5	7	7.5	8	8.5
美國碼 US	8	8.5	9	9.5	10	10.5	11

叮叮量出妙麗腳長是 27 公分

27 公分對應的英國碼是 7 號半
27 公分對應的美國碼是 10 號

小哲量出自由女神腳長是 28 公分

28 公分對應的英國碼是 8 號半
28 公分對應的美國碼是 11 號

雖然妙麗找不到英國碼 7 號半鞋子，但是可以改找美國碼 10 號，這兩種的鞋子長度都是 27 公分。同樣的，自由女神也可以改找英國碼 8 號半鞋子，英國碼 8 號半和美國碼 11 號的腳長都是 28 公分。

這個問題是不是懂得解決了呢？這和之前球速公里、英里的問題一樣，只要會轉換單位，就可以找出答案。

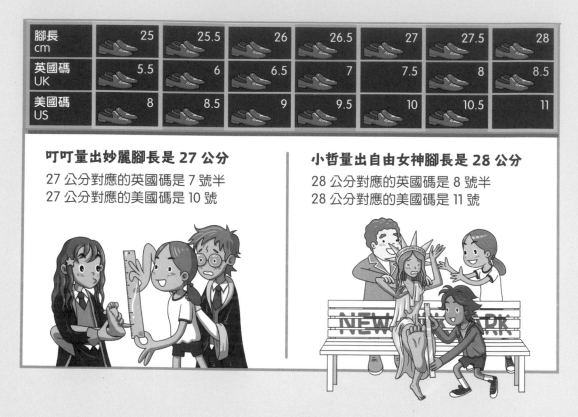

喔～ 呵呵呵。
這幾個小朋友還不是加入我的宇宙
無敵數學社，你也想加入嗎？先別急，
仔細看看後面的數感百科，
才能拿到入社許可喔！

數感百科

單位換算

單位換算是這個單元裡最複雜的部分，不只你可能會搞混，就連科學家也曾在單位換算上出錯。1999年NASA發射的火星氣候探測者號，因為衛星上使用像公里的公制單位，但地表人員輸入資料時卻使用英里等的英制單位，造成計算錯誤，很恐怖吧！考卷上寫錯答案頂多只是少了幾分，但如果沒有學好，將來一個疏忽可能就是幾億美金喔。

學校題目單位換算中，常見到攝氏與華氏溫度的換算，攝氏溫度的冰點0度和沸點100度，對應到華氏溫度的冰點32度和沸點212度，換算公式為：

$$華氏溫度 = \frac{9}{5} \times 攝氏溫度 + 32$$

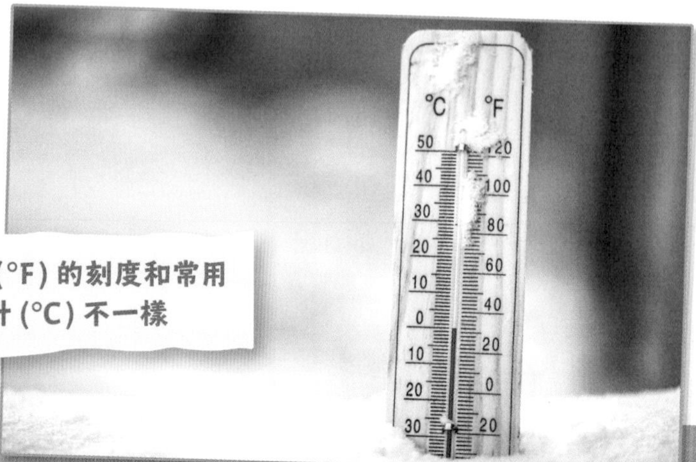

華氏溫度計 (°F) 的刻度和常用的攝氏溫度計 (°C) 不一樣

溫度單位換算跟故事裡的鞋子尺碼換算原理類似。想想看為什麼要**「+32」**？假如今天有另外一個哲氏溫度，冰點是 32 度，沸點是 132 度，請問攝氏 10 度是哲氏幾度呢？你應該很快就能算出來是 10 + 32 = 42 度，攝氏 50 度就是哲氏 50 + 32 = 82 度。

至於**「乘上 $\frac{9}{5}$」**，是因為華氏溫度的冰點和沸點之間有 212 − 32 = 180 個刻度，我們常用的攝氏溫度則是 100 個刻度。攝氏溫度，每增加 10 度，華氏溫度會增加 18 度。所以從攝氏變成華氏時，要乘上 9/5，讓數字變多一點。掌握了不同單位之間「放大縮小」與「前後移動」，你就能比較理解單位換算了。

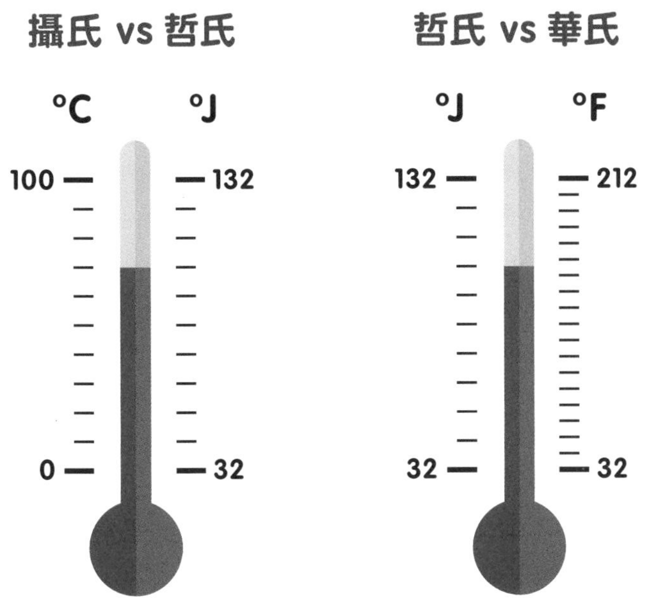

數感遊戲

「哲」制單位

「公制的公尺、公分、毫米都剛好各差 10 倍。但英制的長度單位英吋、英呎、碼就不是。12 吋是 1 英呎、3 英呎是 1 碼、為什麼這樣呢？據說、古代單位很多是起源於人類的身體部位：拇指寬度、腳掌的長度、或是手臂的長度。」

聽完白熊的這番話，喜歡跟別人不一樣的小哲決定發明「哲制單位」！哲制單位首先鎖定長度。小哲做了一把捲尺，上面有兩種長度單位：一個是他的姆指寬度、一個是他的腳掌長度。試著像小哲一樣，做一把專屬於你的捲尺吧。

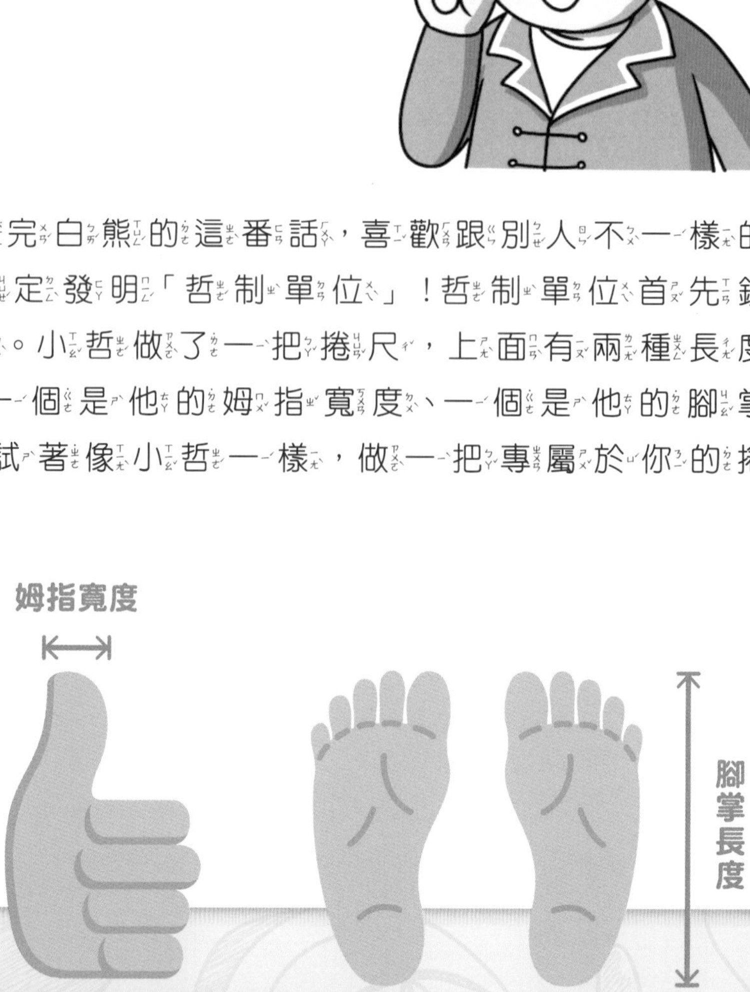

遊戲道具

❶ 一條長度約 300 公分的空白紙條（可以將 10 條 30 公分的紙條黏貼成一長條。）

❷ 兩張的空白紙張 紙張大小需要比手掌和腳掌大

※ 請自行準備。

遊戲玩法

❶ 把大拇指按在紙張

拇指一側對齊紙張邊緣。用鉛筆對齊拇指另一側，在紙上畫上記號。

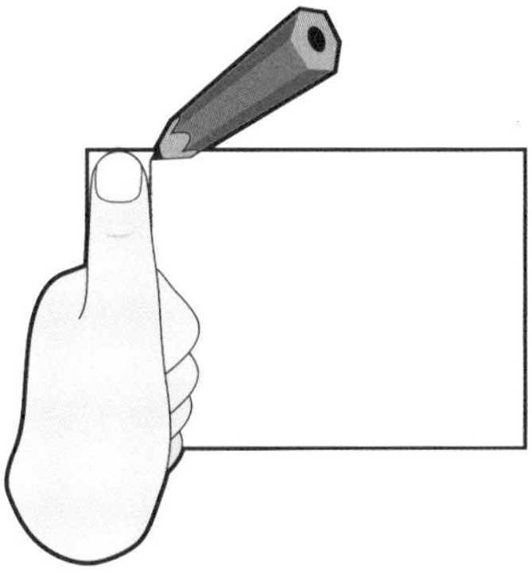

❷ 將紙沿著鉛筆記號對摺

攤開後有一條摺痕。摺痕跟紙張邊緣的間隔長度等於大拇指寬。

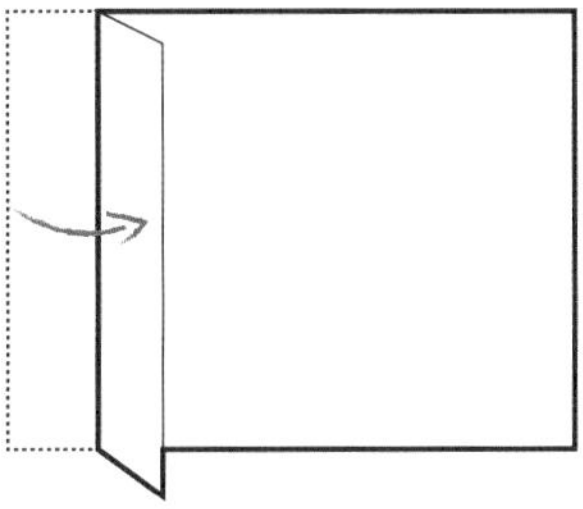

❸ 把紙折回去

繼續做出更多摺痕，連續兩個摺痕的間隔都是一個大拇指寬。

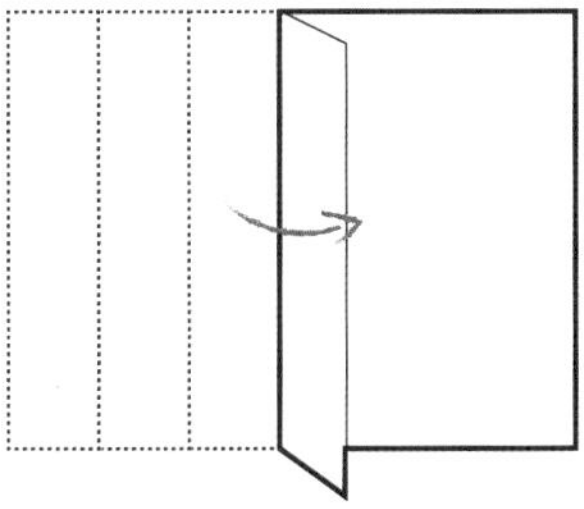

遊戲玩法

❹ 用鉛筆描出所有摺痕

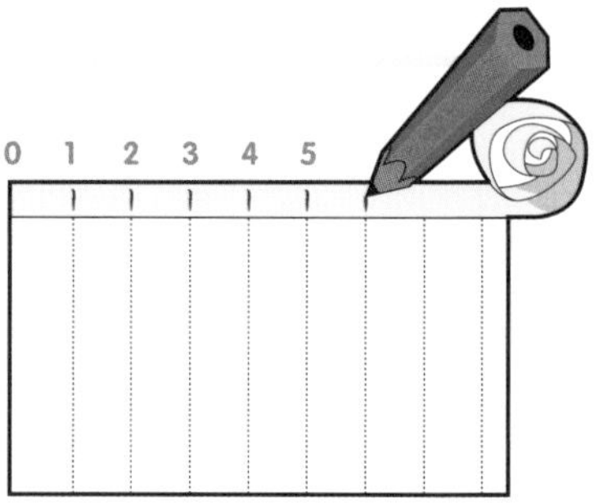

再把紙張對齊白色捲尺，並在捲尺上對齊畫出以姆指寬為單位的刻度。刻度上記得標上從 0 開始的數字。

❺ 用同樣做法製作腳掌長度捲尺

在另一張白紙上做出許多間隔為腳掌長度的摺痕，用鉛筆描好。在捲尺的另一側畫出腳掌長為單位的刻度。完成同時具有兩種單位的捲尺。最後可以將這段紙條的末端黏在鉛筆上，並且捲起來成一個紙捲尺。

想想看，怎麼做出刻度更細的「半格」？

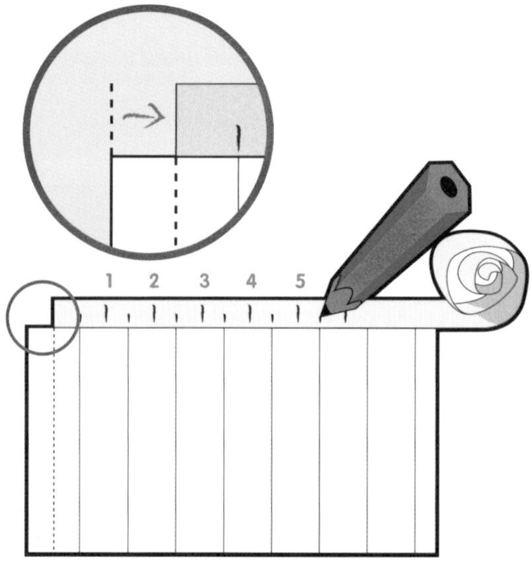

兩個刻度之間再對折一次，產生的摺痕就是半格。在所有刻度上重複這個動作，完成有半格的捲尺。更輕鬆的做法是在先前的白紙上先摺出一個半格，再讓捲尺起點對齊這個半格。白紙上的刻度就剛好都對齊在捲尺上的半格位置。讓捲尺變得更精確吧。

數感思考

① 幫「拇指寬」跟「腳掌長」這兩個單位各取個名字。

「拇指寬」單位名字是：　　　　**「腳掌長」單位名字是：**

② 用新捲尺測量你的腳掌長是幾個姆指寬？

③ 用新捲尺測量表格中的項目並記錄數據。

思考什麼時候使用「腳掌長」測量比較適合、什麼時候使用「姆指寬」比較適合？

	鼻子長	臉長度	手臂長	身高
單位：拇指寬				
單位：腳掌長				

④ 改用 15 公分的直尺，測量拇指寬跟腳掌長各是幾公分。

再把上表測量的項目換算回公分。想想公分有比較好用嗎？

	鼻子長	臉長度	手臂長	身高
單位：公分				

給家長的數感叮嚀

小學幾乎每年級都會教到「單位」。以長度為例，三年級到五年級依序教了毫米、公里、平方公尺、立方公尺。小朋友不只學到愈來愈大的單位，單位能表示的維度也從直線、平面、延伸到立體空間。現實生活中的一個長度，需要一組數字以及一個單位才能量化。有了數字，才能進一步導入更多數學工具：計算2片木板接起來後的新長度（加法），截掉一段後的長度（減法），許多木板橫向排出來的一塊面積（乘法），分成好幾等分後的每一片長度（除法）。因此，可以說：

單位是連結數學與現實世界的橋樑。

客觀的單位

單位換算是個應用單位的重要能力，但單位的數學意義遠不止於此，像是剛才提到的「量化」。本書一開始，不先說明常見的長度、重量、體積，而是介紹了「辣度」。每個人對辣的主觀認知不一樣，一個人覺得很辣，到另一個人口中可能一點都不辣。就像有人覺得身高170公分很矮、有人覺得很高一樣，主觀本來就是因人而異。與主觀感覺對應的就是客觀的單位。每盤食物、每一種辣椒醬都可以有一個辣度。除了書中介紹的辣度，家長也可以跟小孩討論糖度，或許比起辣，他們對於甜食更能體會。

「好用」單位的特點

在數感遊戲中，小朋友用自己的姆指寬度、腳掌長度做一把捲尺。這與單位的概念非常類似，其實就是以一種物體作為基準點，像是古代的手掌寬度、步伐距離、種子重量、到法國大革命的公斤原器等都是各種單位的基準點。衍生出20克拉是20顆種子的重量，1年是地球繞著太陽轉了1圈。知名日本童書插畫家吉竹伸介曾經畫過1幅海報，上面有各種時間的單位，都是遵循「轉1圈」這個概念：手指轉鑰匙1圈，老奶奶繞著櫻花樹散步1圈，旋轉木馬繞1圈。這些充滿創意的單位讓我們知道，定義1個單位不是多困難或多了不起的事情。重要的是，定義出來的單位好不好用？一個好的單位，又該具備哪些特點？這就需要數感來解決了。

本書強調單位的2大特點：重現與精準。老婆婆繞著櫻花樹散步，今天午睡很飽，走得快一些；明天帶孫子累了，走得慢一些；或是換了棵樹，繞一圈的距離又不一樣。「繞櫻花樹一圈」好重現卻不精確，所以不是個好的單位。

除了這2大特點，單位既然是連結數學與現實世界的橋樑，現實生活的情境自然也影響到單位的選擇。同樣是長度單位，公分適合量身高、公里適合量兩地距離、太空人用天文單位、高科技廠商用奈米單位。不同大小的單位各有不同的適用情境，讓小朋友多理解各種單位與場景的配對，能幫助他們對單位更有感覺。

同制度單位換算：進位

單位換算可以分成同制度與跨制度。以長度為例，同制度下的換算是毫米（公釐）、公分、公尺、公里；公里和英里則屬於跨制度的換算。

同制度的換算比較容易搞混的是連續兩個單位之間的倍率關係。比方說公制的10毫米＝1公分、100公分＝1公尺、1000公尺＝1公里。一會兒是10倍，一會兒又變成100倍或1000倍。這之間其實是藏了一些不常用的單位：

10 公分 = 1 公寸　10 公尺 = 1 公丈

10 公丈 = 1 公引　10 公引 = 1 公里

公分到公尺之間有公寸，公尺到公里之間有公丈跟公引。將它們一一列出來，便又回到了十進位。

另一種想法是千進位：

1 公里 = 1000 公尺　1 公尺 = 1000 毫米

記得在第一集提到西方的大數字是使用千進位嗎？不看公分，「公里、公尺、毫米」三者正是千進位；公升跟毫升、公斤跟公克也是一樣的關係。記得這三個之後，再把額外的1公分＝10毫米補進去，就完成了常用的長度系統。連結單位換算跟進位制，找到不同數學知識的相關之處，是我們一再強調的數學學習方式。

跨制度單位換算：伸縮平移

在跨制度的單位換算比較複雜，不妨先想想跨國購物吧。貨幣也是一種單位，1枝鉛筆多少錢、1個包包多少錢。商品貼上價碼，就完成了量化。原價100美金的商品，假設匯率：1元美金＝30元臺幣，換算成臺幣要支付30×100＝3000元台幣。作為單位，美金比臺幣大，所以一件商品用美金表示的金額比較小，臺幣表示的金額比較高。

商品＝100美金＝3000臺幣

同樣的，以長度為例，1英里比1公里長，長度約是1英里＝1.6公里，所以時速100英里的球速，要表示成時速160公里。

球速＝100英里＝160公里

攝氏跟華氏溫度也是一樣：

$$\text{華氏溫度}=\frac{9}{5}\times\text{攝氏溫度}+32$$

可以想像 $\frac{9}{5}$ 是溫度的「匯率」。除了數字縮放，因為作為起點的「冰點」不一樣；攝氏冰點是0度、華氏冰點是32度，轉換時要再平移（加或減）32度。本書提到的鞋子尺碼換算，其實就是簡單版的溫度換算。除了鞋子尺碼，也可以參考常用的溫度近似（≈）換算：

$$\text{華氏溫度}\approx 2\times\text{攝氏溫度}+30$$

當數字變成2跟30時，小朋友就能更快一眼看出來換算的規則。先了解規則，再把數字回復到比較複雜的現實狀況，這樣的拆解，或許對小朋友學習單位換算會有些幫助。

數感小學冒險系列套書企劃緣起

國立臺灣師範大學電機工程學系助理教授、
數感實驗室共同創辦人／賴以威

我要向所有關心子女數學教育的家長，認真教學的國小老師脫帽致意，你們在做一件相當不容易的事，因為根據許多國際調查，臺灣學生普遍不喜歡數學、對自己的數學能力沒信心，認為數學一點都不實用。這些對數學的負面情意，不僅讓我們教小朋友數學時得不斷「勉強」他們，許多研究也指出，這些負面情意會讓學習效果大打折扣。

我父親是一位熱心數學教育的國小教師，他希望讓大家覺得數學有趣又實用，教育足跡遍布臺灣。父親過世後，我想延續他的理念，從2011年開始寫書演講，2016年與太太珮妤一起成立「數感實驗室」，舉辦一系列給小學生的數學實驗課，其中有一些受到科技部的支持，得以走入學校。我們自己編寫教材，試著用生活、藝術、人文為題材，讓學生看見數學是怎麼出現在各領域，引發他們對數學的興趣，最後，希望他們能學著活用數學（我們在2018年舉辦的數感盃青少年寫作競賽，就是提供一個活用舞台）。

「看見數學、喜歡數學、活用數學」。這是我心目中對數感的定義。2年來，我們遇到許多學生，有本來就很愛數學；也有的是被爸媽強迫過來，聽到數學就反彈。六、七十場活動下來，我最開心的一點是：周末上午3小時的數學課，我們從來沒看過一位小朋友打瞌睡，還有好幾次被附近辦活動的團體反應可不可以小聲一點。別忘了，我們上的是數學課，是常常上課15分鐘後就有學生被周公抓走的數學課。

可惜的是，我們團隊人力有限，只能讓少數學生參與數學實驗課。於是，我從30多份自製教材中挑選出10個國小數學主題，它們是小學數學的重點，也是我認為與生活息息相關。並在王文華老師妙手生花的創作下，合作誕生這套《數感小學冒險系列套書》。這套書不僅適合中高年級的同學閱讀。我相信就算是國中生、甚至是身為家長與教師的您，也能從中認識到一些數學新觀念。

本套書的寫作宗旨並非是取代學校的數學課本，而是與課本「互補」，將數學埋藏在趣味的故事劇情中，讓讀者體會數學的樂趣與實用。書的故事讓小讀者看到數學有趣生動的一面；「數感百科」則解釋了故事中的數學觀念，發掘不同數學知識之間的連結，和文史藝術的連結；再來的「數感遊戲」延續數學實驗課動手做的精神，透過遊戲與活動，讓小朋友主動探索數學。最後，更深入的數學討論和故事背後的學習脈絡，則放在書末「給家長的數感叮嚀」，讓家長與老師進一步引導小朋友。

過去幾年來，我們對教育有愈來愈多元的想像，認同知識不該只是背誦或計算，而是真正理解和運用知識的「素養教育」。許多老師和家長紛紛投入，開發了很多優秀的教材、教案。希望這套書能成為它們的一分子，得到更多人的使用，也希望它能做為起點，之後能一起設計出更多體現數學之美的書籍與活動。

王文華X賴以威的數感對談

用語文力和數學力
破解國小數學之壁

不少孩子怕數學，遇到計算題，沒問題。但是碰上應用題，只要題目文字長些、題型多點轉折，他們就亂了。數學閱讀對某些孩子來說像天王山，爬不上去。賴老師，你說說，這該怎麼辦？

這是個很有趣的現象，我們希望小朋友覺得數學實用（小朋友也是這麼希望），但跟現實連結的應用題，卻常常是小朋友最頭痛的地方。我覺得這可能有兩種原因：

① 實用的數學情境需要跨領域知識，也因此它常落在三不管地帶。

② 有些應用題不夠生活化、也不實用，至少無法讓小朋友產生共鳴。

老師的數學太專業了啦！

原來如此，難怪我和賴老師在合作這套書的過程，也很像在寫一個超級實用又有趣的數學應用題。不過你寫給我的故事大綱，讀起來像考卷，有很多時候我要改寫成故事時，還要不斷反覆的讀，最後才能弄懂。

呵呵，真不好意思，其實每次寫大綱都想著「這次應該有寫得更清楚了」。你真的非常厲害，把故事寫得精彩，就連數學內涵都能轉化得輕鬆自然。我自己也喜歡寫故事，但看完王老師的故事都有種「還是該讓專業的來」的感嘆。

而且賴老師，我跟你說：大人們總是覺得看起來簡單得要命的小學數學，為什麼小孩卻不會？

最大一個原因在於大人忘了他們當年學習的痛苦。

這並不是賴老師太壞心，也不是我數學不好，而是數學學習和文學閱讀各自本來就是不簡單，兩者加起來又是難上加難，可是數學和語文在生活中本來就分不開。再者，寫的人與讀的人之間也是有著觀感落差，往往陷入一種自以為「就是這麼簡單，你怎麼還不懂」的窘境。

小朋友怎麼從一個具象的物體轉換成抽象的數學呢？

→ 當小朋友看到一條魚（具體）

→ 腦中浮現一隻魚的樣子（一半具體）

→ 眼睛看到有人畫了一條魚（一半抽象）

→ 小朋友能夠理解這是一條魚，並且寫出數字1

大人可以一步到位的1，對年幼的孩子來講，得一步步建構起來。

還有的老師或家長只一昧要求孩子背誦與解題，忽略了學習的樂趣，不斷練習寫考卷。或是題型長一點，孩子就亂算一通。最主要的原因是出在語文能力不足，沒有大量閱讀的基礎，根本無法解決落落長又刁鑽得要命的題型。

以色列理工學院的數學教授阿哈羅尼（Ron Aharoni）提到，一堂數學課應該要有三個過程：從具體出發，畫圖，最後走向抽象。小朋友學習數學的過程非常細微，有很多步驟需要拆解，還要維持興趣。照表操課講完公式定理也是一堂課，但真的要因材施教，好好教會小朋友數學，是一門難度很高的藝術。而且老師也說得沒錯，長題型的題目也需要很好語文理解能力，同時又需要有能力把文字轉譯成數學式子。

確實如此，當我們一直忘記數學就存在生活中，只強調公式背誦與解題策略，讓數學脫離生活，不講道理，孩子自然害怕數學。孩子分披薩，買東西學計算，陪父母去市場，遇到百貨公司打折等。數學如此無所不在，能實實在在跟數量打足交道，最後才把它們變化用數學表達出來。

沒有從事數學推廣前，我也不覺得數學實用、有趣。但這幾年下來，讀了許多科普書、與許多數學學者、老師交流後，我深信數學是非常實用的知識，甚至慢慢具備了如同美感、語感一樣的「數感」。我也希望透過這套作品，想要品味數學的父母與孩子感受到數學那閃閃發亮的光芒，享受它帶來的樂趣。

讓孩子喜歡數學的絕佳解方

臺灣大學電機工程系教授、PaGamO 創辦人／葉丙成

要讓孩子願意學習，最重要的是讓他們覺得學這東西是有用的、有趣的。但很多孩子對數學，往往興趣缺缺。即便數學課本也給了許多生活化例子，卻還是無法提起孩子的學習熱忱。

當我看到文華兄跟以威合作的這套《數感小學冒險系列》，我認為這就是解方！書裡透過幾位孩子主人翁的冒險故事，帶出要讓孩子學習的數學主題。孩子在不知不覺中，隨著主人翁在故事裡遇到的種種挑戰，開始跟主人翁一起算數學。這樣的表現形式，能讓孩子對數學更有興趣、更有感覺！

而且整套書的設計很完整，不是只有故事而已。如果只有故事，孩子可能急著看完冒險故事就結束了，對於數學概念還是沒有學清楚。每本書除了冒險故事外，還有另外對應的數學主題的教學，帶著孩子反思剛才故事中所帶到的數學主題，把整個概念介紹清楚，確保孩子在數學這一部分有掌握這次的主題概念。

更讓我驚豔的，是每本書最後都有一個對應的遊戲。這遊戲可以讓孩子演練剛才所學到的數學主題概念。透過有趣的遊戲，讓孩子可以自發地做練習數學，進而培養孩子的數感。我個人推動遊戲化教育不遺餘力，所以看到《數感小學冒險系列》不是只有冒險故事吸引孩子興趣，還用遊戲化來提昇孩子練習的動機。我真心覺得這套書，有機會讓更多孩子喜歡數學！

用文學腦帶動數學腦，幫孩子先準備不足的先備經驗

彰化原斗國小教師／林怡辰

數學，是一種精準思考的語言，但長期在國小高年級第一教學現場，常發現許多孩子不得其門而入，眉頭深鎖、焦慮恐懼。如果您的孩子也是這樣，那千萬別錯過「數感小學冒險系列」。

由小朋友最愛的王文華老師用有趣濃厚的故事開始，故事因為主角而有生命和情境，再由數感天王賴以威老師在生活中發掘數學，連結生活，發現其實生活處處都是數學，讓我們系統思考、解決問題，再引入教具，光想就血脈賁張。眼前浮現一個個因為太害怕而當機的孩子，看著冰冷數字和題目就逃避的臉孔。喔！迫不及待想介紹他們這套書！

專對中高年級設計，專對孩子最困難的部分，包括國小數學的大數字進位、時間、單位、小數、比與比例、平面、面積和圓、對稱、立體與展開，不但補足了小學數學課程科普書的缺乏，更可貴的是不迴避正面迎擊孩子最痛苦的高階單元。最重要的是，讓喜歡文學的孩子，在閱讀中，連結生活經驗，增加體驗和注意，發現數學處處都是，最後，不害怕、來思考。

常接到許多家長來信詢問，怎麼在學校之餘有系統幫助孩子發展數學運思，以往，我很難有一個具體的答案。現在，一起閱讀這套書、思考這套書、操作這套書，是我現在最好的答案。

從 STEAM 通向「數感」大門！

臺南師範大學附設小學教師／溫美玉

閱讀《數感小學冒險系列》就像進入「旋轉門」，你能想像門一打開，數學會帶你到哪些多變的領域嗎？

數學形象大翻身

相信大部分孩子對數學的印象，都跟這套書的主角小哲剛開始一樣吧？認為數學既困難又無趣，但我相信當讀者閱讀本書，跟著小哲進入「不可思『億』巧克力工廠」、加入「宇宙無敵數學社」後，會慢慢對數學改觀。為什麼呢？因為這本書蘊含「數感」這份實藏！「數感」讓數學擺脫單純數字間的演練、習題練習，它彷彿翻身被賦予了生命，能在生活、藝術、科學、歷史中處處體會！

未來教育5大元素，「數感」一把抓

以下列舉《數感小學冒險系列》的五大特色：

①「校園故事」串起3人冒險

有故事情節、個性分明的角色，讓故事貼近孩子的生活。

②「實物案例」數學也能在日常生活中刷存在感

許多生活中理所當然的日常用品，都藏有數學的原則。像是鞋子尺寸（單位）、腳踏車前後齒輪轉動（比與比例）等，從中我們會發現人生道路上，數學是你隨時可能撞見的好朋友。

③「創意謎題」點燃孩子求知心

故事中的神祕角色鳳凰露露老師設計了許多任務情境，當中巧妙融入數學概念的精神。藉由解謎過程，能激發孩子對數學概念的思考。

④「數感百科」起源/原理/應用一把罩

從歷史、藝術、工程、科學、數學原理等層面總結概念，推翻數學只是「寫寫算算」的刻板印象。

⑤「數感遊戲」動手玩數學

最後，每單元都附有讓孩子實際操作的遊戲，讓數學理解不再限於寫練習題！

STEAM的最佳代言人！

STEAM是目前國外最夯的教育趨勢，分別含括以下層面：
科學（Science）、科技（Technology）、工程（Engineering）、藝術（Art）以及數學（Mathematics）。但學校的數學課本礙於篇幅，無法將每個數學概念的起源、應用都清楚羅列，使孩子在暖身不足的情況下就得馬上跳入火坑解題，也難怪他們對數學的印象只有滿山滿谷的數字符號及習題。

若要透澈一個概念的發展歷程、概念演進、生活案例，必須查很多資料、耗很多時間，幸虧《數感小學冒險系列》這本「數學救星」出現，把STEAM五層面都萃取出來，絕對適合老師/家長帶領高年級孩子共讀（中、低年級有些概念太難，師長可以介入引導）。以下舉一些書中的例子：

① 科學 Science

「時間」單元的地球自轉、公轉概念。

② 科技 Technology

科技精神涵蓋書中，可以帶著孩子上網連結。

③ 工程 Engineering

「比與比例」單元的腳踏車齒輪原理。

④ 藝術 Art

「比與比例」單元的伊斯蘭窗花、黃金螺旋。

⑤ 數學 Mathematics

為本書的主體重點，包含故事中的謎題任務及各單元末的「數感百科」。

你發現了什麼？畢竟是實體書，因此書中較少提到「科技」層面，我認為這時老師/家長可以進行的協助是：

指導他們以「Google搜尋 / Google地圖」自主活用科技資源，查詢更多補充資料，比如說在「單位」單元，可以進行特定類型物件的重量/長度比較（查詢「大型動物的體重」，並用同一單位比較、排行）；長度/面積單位也可以活用Google地圖，感受熟悉地點間的距離關係。如此一來，讓數學不再單單只是數學，還能從中跨越科目進入自然、社會、資訊場域，這套書對於STEAM或素養教學入門，必定是妙用無窮的工具書。

增加「數學感覺」也是我平常上數學課時的重點，除了照著課本題目教以外，我也會時時在進入課程前期、中期進行提問（例如：「為什麼人類需要小數？它跟整數有什麼不同？可以解決生活中的什麼事情？」。在本書的應用上，可以結合這樣的提問，讓孩子先自己預測，再從書中找答案，最後向師長說明或記錄的評量方式，他們便能印象更鮮明。總而言之，我認為比起計算能力的培養，「數感」才是化解數學噩夢的治本法門，有了正向的「數學感覺」，才有可能點亮孩子對數學（甚至是自然、社會、資訊等）的喜愛，快用《數感小學冒險系列》消弭孩子對數學科的恐懼吧！

知識讀本館

作者 王文華、賴以威
繪者 BO2、楊容
照片提供 Shutterstock、維基百科

責任編輯 呂育修
文字編輯 高凌華
美術設計 洋蔥設計
行銷企劃 陳雅婷

天下雜誌群創辦人 殷允芃
董事長兼執行長 何琦瑜
媒體暨產品事業群
總經理 游玉雪
副總經理 林彥傑
總編輯 林欣靜
行銷總監 林育菁
主編 楊琇珊
版權主任 何晨瑋、黃微真

出版者 親子天下股份有限公司
地址 台北市 104 建國北路一段 96 號 4 樓
電話 (02) 2509-2800
傳真 (02) 2509-2462
網址 www.parenting.com.tw
讀者服務專線 (02) 2662-0332 週一～週五：09:00 ～ 17:30
讀者服務傳真 (02) 2662-6048
客服信箱 parenting@cw.com.tw
法律顧問 台英國際商務法律事務所・羅明通律師
製版印刷 中原造像股份有限公司
總經銷 大和圖書有限公司 (02) 8990-2588

出版日期 2020 年 4 月第二版第一次印行
2024 年 4 月第二版第九次印行
定價 300 元
書號 BKKKC142P
ISBN 978-957-503-575-4 (平裝)

訂購服務
親子天下 Shopping shopping.parenting.com.tw
海外・大量訂購 parenting@cw.com.tw
書香花園 台北市建國北路二段 6 巷 11 號 (02) 2506-1635
劃撥帳號 50331356 親子天下股份有限公司

立即購買 >

國家圖書館出版品預行編目 (CIP) 資料

春日小學社團日 / 王文華, 賴以威作 ; BO2,
楊容圖 . -- 第二版 . -- 臺北市 : 親子天下, 2020.04
面； 公分 . -- (數感小學冒險系列 ; 3)

ISBN 978-957-503-575-4(平裝)

1. 數學教育 2. 小學教學

523.32 109003369

數感小學冒險系列

3 春日小學社團日